JN439961

나였으면 어땠을까?

나였으면 어땠을까?

초판 1쇄 인쇄 | 2022년 05월 25일
지은이 | 이재근
펴낸이 | 이재욱(필명:이승훈)
펴낸곳 | 해드림출판사
주 소 | 서울 영등포구 경인로82길 3-4(문래동1가 39)
센터플러스빌딩 1004호(07371)
전 화 | 02-2612-5552
팩 스 | 02-2688-5568
E-mail | jlee5059@hanmail.net

등록번호 제2013-000076
등록일자 2008년 9월 29일

ISBN 979-11-5634-000-3

해드림출판사

서문

무슨 일을 하며 살아갈까

40년 10개월 15일.

긴 시간을 한 호흡으로 달려온 느낌이다.

그 길을 되돌아보며 새로운 시간을 맞이하는 감정들...

아쉬움 가득한 삶의 흔적을 살펴보며 시간과 용기 부족으로 시작해보지 못한 문 앞에 서 있다.

퇴직하면 건강관리하며 즐기며 살겠다는 마음가짐은 우연히 선택한 '전직지원' 교육을 통해 '일'의 가치를 더 깊이 들여다보는 출발점이 되었다.

지혜를 쌓으며 '일'의 의미를 생각해보니

지나온 41년은 생활을 위해 돈을 벌어야하는 '일자리'였다면, 이제는 건강한 삶을 위해 '일거리'를 갖는 것으로 정리할 수 있다.

공직을 마무리하며, 그동안 입었던 훈장달린 옷은 옷걸이에 걸어두고 나왔다는 마음가짐이 순간순간 찾아드는 미숙한 감정으로 비움의 경계를 넘나든다.

지난 100일, 흔들리는 감정을 내 삶의 전부인 가족, 형제를 비롯한 친구, 동료, 새로운 지인들과 함께 나누고 더하며 이겨냈다.

그리고 안개 자욱한 미로 속 많은 문 앞에서 서성이던 지난날의 기억을 떨쳐내고, 이제는 당당하게 문을 열고 나가 시작해 보고 즐겨야 한다는 것을 알았다.

지나온 삶과 은퇴를 준비하며 새롭게 맞이할 미래의 삶 속에서도, '나였으면 어땠을까'라는 번뇌의 순간은 끊임없이 찾아올 것이다.

이제는 '일'의 의미를 '건강'에 두고 싶다.

언제나 소녀처럼 꽃길을 좋아하는 김효은 여사와 두 아들 주원, 주환 그리고 딸 성림이, 내년이면 세상에 태어날 뽐뽐이를 위해 '일'을 만나야겠다.

가을 햇살 내려앉은 텃밭 정원에 심은 배추와 떨감나무 붉은색 감에는 햇빛과 별빛 머금은 달달함으로 차오르는 속을 채워간다.

곱게 물들어 떨어지는 낙엽처럼,

시간과 계절의 흐름에 몸을 내어주는 바람처럼

덕산제 처마에 걸쳐진 붉게 물든 석양을 바라보며 생각에 잠긴다.

그런데 '무슨 일을 하며 살아갈까'...

2021년 10월 마지막 날 일몰을 바라보며.

사랑하는 아버지께

퇴직을 앞둔 아버지가 책을 내신다며 글을 부탁했을 때 군대에 막 입대했던 시절이 떠올랐습니다. 훈련소에서 아버지의 편지에 답장하던 기억을 되살리며 그동안 표현하지 못한 존경과 사랑, 감사의 마음을 이 기회를 빌려 전하고 싶었습니다.

돌이켜보면 아버지는 가족의 사랑을 그 무엇보다도 중히 여기는 분이었습니다. 저녁을 먹고 아버지와 TV를 보며 꾸벅꾸벅 졸았던 일상들과 저와 동생의 손을 잡고 다니시며 콧바람 넣어주었던 시간들 하나하나가 모두 아버지의 헌신과 사랑이었음을 이제는 알 것 같습니다. 주말이면 투정부리며 함께 했던 집안 청소며 수족관 물고기 기르는 요령을 알려주시던 모습은 시간이 흐를수록 더욱 또렷해집니다.

아버지의 정년퇴임을 온 가족이 감사의 마음으로 맞이하며, 열심히 살아오신 당신에 대한 존경과 사랑을 서툰 시 한 편에 실어 봅니다.

나를 흔들고 지나가버린 바람
날 두고 저만치 흘러버린 강물

되돌릴 수 없는 시절과
되돌리고 싶은 그 순간

세월의 무게를 견디지 못해
닳아버린 몽당연필 같은
나를 네가 꼬옥 안아준다.

흘러간 것에 대한 후회는
지나간 강물에 흘려보내고
다가오는 바람을 너와 함께 기다린다.

아버지. 지금까지 가족을 위해 묵묵히 걸어오셨던 그 길에 이제는 저희가 함께하겠습니다. 그리고 앞으로 나아가시는 길이 아름답고 평화롭기를 기도하겠습니다. 우리 형제는 당신의 가르침과 희생을 자양분으로 성장했기에 인생의 갈림길과 삶의 파도를 잘 헤쳐나갈 수 있습니다. 이제 저희 걱정은 내려놓으시고, 아버지가 어머니와 함께 즐기는 삶이 풍요롭고 행복하기만을 소망합니다.

자주 표현하지는 못하지만 언제나 보고 싶습니다. 아버지가 우리 곁에 있어서 감사합니다. 그리고 아버지와 어머니가 함께 하셔서 행복합니다. 항상 사랑합니다.

2022년 봄 아들 올림

차례

2부 | 87

3부 | 157

4부 | 231

1부

41년 공무원 생활을 정리하는 공로연수 첫날

_ 2021년 7월 1일 (목) / 공로연수 1일째

새벽 5시. 습관처럼 눈을 뜨고 몸을 일으켜 세우면서, 갑자기 드는 생각…

'아~ 오늘부터 출근해서 머무를 사무실이 없구나.' 책상과 의자는커녕 내게 주어진 일 또한 없다는 것이다. 이런 묘한(?) 생각과 함께 어제 버리고 왔다고 생각하는 모든 것들이 한꺼번에 내 머리와 몸에서 빠져나가는 느낌이다. '아닌데 무언가 할 일이 있었는데…' 스마트폰 일정을 확인해 본다.

12시 30분. 먼저 퇴직한 친구들과 점심 약속뿐, 그 어디에도 일과 관련된 일정이 없다. 그러면서 문득 드는 생각~ '아! 지금껏 내가 느끼지 못했던 직장의 울타리라는 것이 이런 것인가?' 이제 내가 들어갈 울타리도 해야 할 일이나 역할도 사라져 버린 것이다. 나름 이 순간을 꽤 오래 준비해왔다고 생각했는데, 무언가를 비우고 욕심을 버린다는 게 여간 쉽지 않다는 것을 다시 한번 실감한다.

오늘부터 새롭게 시작한 일이 있다. 일하는 아내의 출퇴근 기사로 일하는 것! 대수롭지 않게 제안했던 일이, 나에게 할 일로 자리 잡을 줄 몰랐다.

아내와 함께 출근하는 동안 예전과는 사뭇 다른 느낌으로 다가온다. 기분 좋은 출근길 드라이브를 마치고 난 후, 집 마당에 멍하니 앉아 잠시 생각에 잠겨본다.

공로연수 첫날 걸려온 첫 전화는 먼저 퇴직한 사무관 동기이다. 반가운 어투로,

"어이 이 국장! 기분이 어떤가?"

그리고 공로연수 축하와 더불어 이젠 모든 것을 잊으라고 하

신다. 오늘부터는 걸려오는 전화도 문자도 별로 없을 테니 기대감도 섭섭함도 갖지 말라고. 먼저 경험한 퇴직 선배로서 위로 겸 당부란다. 그 후 거짓말처럼 그 누구에게서도 전화 한 통이 없다.

오후에 걸려온 공로연수 멘토의 전화. 백수가 된 기분이 어떠냐는 안부와 함께 들려온 멘토의 한마디… 공로연수 일기를 써 책을 내보라는 아이디어! 순간 무언가 머리를 강하게 맞은 듯한 발상의 대전환. 평소 책을 써보라는 이야기를 많이 들었지만, 여러 가지 이유로 망설였는데… 이거라면 할 수 있겠다는 생각이 들었다.

문득 몇 해 전 가족과의 대화에서, 아빠가 퇴직하면 무엇을 할 수 있을까? 아빠에게 어떤 능력이 있겠느냐고 아들에게 물었을 때 '아빠는 글을 쓰면 잘 쓸 것 같으니 책을 써보라.'라는 말도 떠올랐다.

책을 쓴다는 것이 어떤 것인지 직접 해보지는 않았지만, 막연하게 책은 글솜씨가 좋은 사람이 쓰는 것이라는 선입견 때문에 지금까지 도전해 보지 못한 것이 사실이다. 하지만 항상 '내 생각과 일상을 기록한 책 한 권쯤 남겨야 하지 않을까.' 하는 마음을 알아챈 듯 멘토의 이어지는 전화와 카톡 컨설팅.

책 제목 : 공로연수 그리고 나…

공로연수 기간의 시간을 기록해서 책으로 내시면 좋을 듯… 일기 형식으로 오늘 첫날의 기분, 서울로 연수 다니면서 배운 것을 기록하고, 오가면서 버스와 기차에서의 느낌을 메모하는 등…

임영미 멘토가 전화해서 이런 것들 하라고 알려줬다. 소소한 일상의 기록이 자산이 되고 마침내 그것을 책으로 펴내면 된다고.

남이 하기 전에 지금 빨리 내가 하는 것이 중요. 자서전 보면 아무도 안 읽어요. 하지만 이런 건 도움이 되니 사서 봅니다. 자서전은 절대 안 됨!

이어지는 카톡.

이만 바빠서 휘리릭~ 이거 진짜 비싼 컨설팅 ㅎㅎ

책 제목 : 울타리가 없는 게 이런 거구나. 이것도 매우 좋은 제목'

내가 보낸 카톡!!!

컨설팅 효과가 만렙~ 고민하고 도전해 볼 만 ^^

실행이 답이다! 파이팅이라는 멘토의 카톡에 그래, 평소 꿈이고 퇴직하고 아빠가 잘할 수 있는 거라는 아들의 조언을 실현하고자 노트북에 '공로연수 일기' 파일을 만들어 일기를 쓰기 시작했다.

그동안 함께 일한 동료들의 근무 마지막 날 환송에 감사하는 글을 적어 과별 단톡방에 올렸다.

7월 첫날! 좋은 아침입니다. 분에 넘치는 사랑과 환송~ 감사했습니다. 함께한 시간 소중하게 기억하면서 보람찬 인생 2막 만들어요. 이번 인사에 승진 및 영전하신 분께 축하를, 섭섭한 분께는 심심한 위로와 응원을 보내며… 잘 살피지 못해 미안합니다. 함께했던 시간 감사와 고마움을 간직하며 인사드립니다. 일자리경제국 가족 여러분!!! 덕분에 행복했습니다. 모두 건강하세요.

공로연수 첫날 이재근 드림

소통 창구 단톡방을 나오며

_ 2021년 7월 2일 (금) / 공로연수 2일째

KTX 용산행 09시 02분 티켓을 확인하고, 백팩에 교육교재, 목베개, 노트북, 우산, 슬리퍼, 온수통, 보조배터리 등 준비물을 확인한다. 참 많기도 하다. 이것도 습관인가? 어느 곳을 가든 항상 가방이 복잡하고 무겁다. 다 욕심인 것을 알면서 쉽지가 않다.

가방을 메고 집을 나선 후 여유롭게 걸어서 순천역에 도착하니 등에 땀이 흥건하다. 잠시 여유 있는 시간. 함께 근무했던 직원들과 업무소통 창구로 활용했던 카독 단독방에 이 글을 직어 보내기 버튼을 클릭했다.

서울행 KTX. 안개 속 무언가를 찾아 길을 나서며, 소통통로 카톡방 인사드립니다. 일자리경제국 동료 여러분! 그동안 수고하셨습니다. 감사했습니다. 조용히 간절한 마음으로 응원하겠습니다. 덕분에 행복했습니다. 이재근 올림 그리고 잠시 후 그동안 소통의 흔적들을 살펴보고, 나가기 버튼을 누르는 순간 머릿속 무언가 확 빠져나가는 느낌이다. 이틀 동안 보낸 단톡방 댓글을 보면서 공로연수 첫날 통화한 선배님의 말을 되뇌어본다. '동생! 모든 것 다시 한번 내려놓으시게… 모든 변화에 섭섭해하지도 말고 받아들이시게…'

전직 지원 컨설턴트 두 번째 강의를 들으며 '참 잘했다'라는 생각이 든다. 오늘 강의에서는 그동안 업무에서 사용했던 행정 용어를 실전 감각으로 배워본다. 내가 구직자이자 구인자로서 전직자의 시각에서 직업들을 살펴보았다. 이렇게 많은 직업이 있고 다양한 창구를 통해 지원한다는 것을 새삼 알게 되었다. 아울러 나의 길은 어디이고 내가 해야 할 일이 어떤 것인지 조금씩 보이면서 불안감이 서서히 사라지는 느낌이다.

운동장에서 느낀 변화

_ 2021년 7월 3일 (토) / 공로연수 3일째

매주 토요일 새벽 시청축구동우회원들과 함께 운동하며 일주일간 쌓인 스트레스를 날리고 새로운 한 주의 에너지를 충전한다.

기분 탓일까? 아니면 벌써 변한 것일까? 평소와 다름없이 "국장님 나오셨습니까?" 하고 인사는 하는데 어째 눈치를 살피는 분위기. 땀 흘려 열심히 운동하면서도 회원들의 표정과 반응들이 조금은 어색하다.

오늘 아침 '이 느낌 뭐지' 하면서 나 스스로 다잡는다. 나는 지금 국장도 아닌데, 축구가 좋아서, 매주 토요일 새벽 운동이 좋아서 나온 게 아닌가. 최근 느끼는 많은 변화가 조금 더 시간이 지나면 익숙해지고 더 현실적으로 다가올 것으로 생각해 보지만, '모든 것을 내려놓아야지'하면서도 아직은 적응이 쉽지 않다.

동창 친구들과 점심을 함께하는 자리. 시청에서 함께 생활하다 조금 빠르게 퇴직한 친구들과 부부동반으로 만나 서로의 건강과 근황을 살피는 모임을 하고 있다. 2~3년 전부터 '퇴직 후 삶'에 대한 책을 읽고 강연을 들으며, 퇴직 후 친구의 중요성을 알게 되면서, 나와 함께 마음과 시간을 나눌 친구가 얼마나 있는지를 생각해 보았다.

60년을 살아오면서 동네 친구, 학창 시절 친구, 직장생활하면서 알고 지냈던 많은 사람을 떠올리며 친구의 틀에서 헤아려 보고 몹시 당황했다. 많은 선배께서 직장생활하면서 알고 지낸 사람들 대부분은 퇴직과 함께 자연스럽게 정리되고 그저 알았던 사람 정도에서 마무리되니, 마음 편히 밥 한 끼 먹을 수 있는 사람을 많이 만들어 놓으라는 것이었다. 부족함을 알았기에 그 어떤 사람보다 학창 시절과 직장생활을 함께한 친구들부터 정을 나누며 살아야겠다는 생각에 먼저 퇴직한 친구들과 부부동반으로 만나는 모임을 시작했다.

오늘은 우리 부부가 유사가 되어 주말 쉼터인 텃밭이 있는 주택에서 점심을 함께 먹으며 이야기를 나누기로 하고 텃밭 채소와 고기를 준비해 자리를 함께했다. 친구들이 사 들고 온 수박과 복숭아 등으로 더욱 풍성해진 메뉴, 늦은 장맛비가 내리는 마당에서 풋전에 막걸리를 마시며 살아가는 이야기와 퇴직 후 삶에 대한 많은 이야기를 나누었다.

부부가 함께한 자리에서 나눈 이야기 대부분은 60줄에 선 우리의 건강을 지키면서 재산을 불려야겠다는 생각을 버리고 가진 것을 지혜롭게 쓰면서 즐겁게 살아가자는 것이었다. 직장생활을 함께한 친구들 또한 퇴직하면 다 내려놓으라는 것과 함께 지나온 시간 속에 가족여행 한번 다녀오지 못한 선배들의 후회와 아쉬움 그리고 욕심을 버린 지금의 삶에 대한 속내들을 함께 나누었다.

늦지 않았다. 지금부터라도 주변에 있는 동창들 그리고 작은 것이라도 정을 나눌 수 있는 사람들이 있다면, 나를 내려놓고 다가가면 노후를 동행할 친구가 가능하다는 것을…

가장 중요한 것은 '나'라는 것을 가슴속 깊이 새기며… 함께한 친구들 덕분에 즐거웠고 행복한 시간이었다.

감사를 전하며

_ 2021년 7월 4일 (일) / 공로연수 4일째

동생 가족과 브런치를 먹으면서 며칠 후 원양어선을 타는 조카를 격려하며 이야기꽃을 피웠다. 올해 초, 수년간 운영해오던 자동차 정비사업소를 정리하고, 지금은 사업구상 중인 동생을 보면서도 많은 것을 깨닫고 배운다.

형님! 41년 직장생활 고생했으니 이젠 조금 쉬면서 천천히 생각하란다. 그 정도의 시간을 보내도 되니, 하고 싶은 일 찾으라는 백수 선배인 동생의 조언이다.

나선 걸음에 누나와 몇 해 전 퇴직한 매형을 찾아 감사 인사를 드렸다. 41년 공직생활 중 남은 것은 함께한 사람들에 대한 감사와 고마움뿐이라고 말씀드리니 쉽지 않은 생각이라며 이젠 여유를 갖고 건강을 챙기라는 마음을 전해 주신다.

현직 근무 마지막 날 사무실에 찾아온 동생 부부가 "형님은 조상님을 잘 모셔 복을 주신 것 같다."라고 한 말이 떠올라서, 나선 길에 간단하게 과일과 술을 준비해 문중 묘와 부모님 묘소를 찾았다.

'살펴주신 덕분으로 41년 공직 잘 마무리하였다고' 인사드리고 돌아오는 길. 살아가면서 겪는 모든 일에 간절함을 갖고 정성을 다해 마음을 바치면, 헛되지 않고 이룰 수 있다는 마음가짐을 되새겨본다.

고속버스 안에서

_ 2021년 7월 5일 (월) / 공로연수 5일째

오늘은 고속버스로 서울 다녀오는 날이다.

공로연수 중임에도 현재 나의 생활은 큰 변화가 없는 듯하다. 오늘도 평소와 다름없이 출근하는 기분으로 집을 나섰다.

지난밤 내린 장맛비로 탁해진 섬진강 강물이 빠르게 흐르고, 멀리 보이는 지리산 자락에는 비를 잔뜩 머금은 구름이 산의 허리를 감싸고 있다. 들판에는 비를 머금은 벼와 고추를 비롯한 밭작물이 푸르다. 앞자리 승객이 좌석을 한껏 뒤로 재껴 편히 누워가는 덕에 펼쳐둔 노트북 자리가 좁아져 약간 신경이 쓰일 뿐. 두어 시간 동안 바라본 차창 밖 여름날의 풍경은 오랜만에 내린 비로 더없이 싱그럽고 푸르기만 하다. 정말 기분 좋은 여정이다. 그리고 새로운 배움과 만나는 사람에 대한 설렘 또한 보람으로 다가온다.

강의 3일 차. 처음 접하는 교육 내용이지만 내가 지금까지 추진했던 일들과 연결된 강의를 들으며, 우리 주변의 많은 일이 씨줄과 날줄이 엮어져 면을 이루는 것처럼 촘촘히 연결되는 것이라는 사실을 알게 되면서 점점 흥미가 더해진다.

교육을 마치고 바삐 움직이는 서울 사람들 속에서 자연스럽게 지하철을 타고 터미널로 향하는 나를 발견한다. '촌놈이 서울 몇 번 오르락내리락하더니 많이 변했네.' 하며 미소 짓는다.

업무상 출장길과 새로운 나를 찾아 나서는 길이 사뭇 아니 엄청나게 다른 느낌으로 다가오는 지금, 이 시간…… 또 현실적으로는 이 모든 것이 자기 부담이라는 사실까지도…… 하지만 41년 공직생활에 부끄러움 없다는 자긍심! 이 모든 것이 지금의 나를 만들었다는 생각을 다잡는다.

늦은 점심 겸 조금은 이른 저녁으로 뜨거운 콩나물국밥 한 그릇으로 배고픔을 달랜 후, 고속버스에 몸을 실었다. 나이? 저질체력? 의욕을 앞세운 욕심? 피곤함이 확 밀려온다. 일주일에 세 번의 서울행… 잠시 고민에 잠겼다가 밀려드는 잠에 스르르 눈이 감긴다.

총 맞은 것처럼

_ 2021년 7월 6일 (화) / 공로연수 6일째

밤새도록 내리는 장맛비. 무언가 빠져나간 느낌인데, 무엇일까?

새벽 02:46

-행정안전부- 오늘 02시 40분 전남(순천, 광양) 호우경보, 산사태. 상습침수 등 위험지역 대피, 외출 자제 등 안전에 주의 바랍니다.

아침 09:51

-순천시청- 낙안, 별량, 상사, 송광, 승주, 외서, 월등, 주암, 해룡, 황전, 안풍동에 산사태 경보발령. 산사태 취약지역 주민, 방문객은 유사시 지정된 대피 장소로 대피 바랍니다.

밤새 스마트폰으로 날아든 재난문자에도 점점 무뎌지는 생각들… 아침을 먹으면서 '뭔가 빠져나간 것 같은데, 마음은 아주 편한 이 느낌 무얼까?'

아내의 출근길에 시내 중심을 흐르는 동천을 보며, "물이 많이 불었네." 하는 말에 아내의 뼈있는 한마디 "출근 안 한 지 며칠 됐다고… 너무 편해 보이네."

아내의 반응을 곰곰이 생각하면서 하루를 시작해 본다.

며칠 전 요청받은 평가 관련 자료를 전달받기 위해 찾은 시청사 인근. 우산을 쓰고 바쁜 걸음으로 출근하는 직원들을 보면서 지금의 나를 되돌아본다. '시간이 참 빨리 흘러가는구나.' 그리고 빠르게 변해가는 모습에서 살아가기 위해 현실에 적응하는 나를 들여다보았다.

글을 쓰고 있는 이 시간, 하늘에 구멍이 난 듯 무섭게 퍼붓는 장맛비에 큰 피해는 없어야 할 텐데 하면서도 지붕을 두드리는 기분 좋은 빗소리를 들으며 느낌 가득한 하루를 보낸다.

잘 쓰는 것, 많이 버는 것

_ 2021년 7월 7일 (수) / 공로연수 7일째

28인승 고속버스에 5명의 승객을 태우고 달리는 고속버스.

이틀 전 고속버스 풍경과 사뭇 다르다. 최근 코로나 1일 확진자가 1천 명을 넘어선 영향도 있으리라.

어제저녁 지인들과 함께한 자리에서의 대화를 떠올려본다. 자리를 함께한 네 사람 중 두 사람은 돈을 잘 써야 일 잘한다는 평가를 받고, 두 사람은 논을 많이 벌어야 능력 있다는 인성을 받는다고 했다.

짐작하겠지만, 돈을 잘 써야 일 잘하는 사람은 국민의 세금을 효율성 높은 사업에 투입하여 공정하게 집행해야 하는 공직자 등이고, 돈을 많이 벌어야 능력이 있다고 인정받는 사람은 경제의 최일선에 서 있는 기업인, 사업가, 자영업자 등이다.

지금까지 나는 돈을 잘 써야 능력을 인정받는 쪽에서 일했다. 하지만 이제는 처지가 바뀌어 돈을 벌어야 능력자로 인정받는 쪽 일을 하고자 새로운 기회를 만들기 위해 배움과 함께 시작을 준비하고 있다.

우리가 살아가는 사회에서는 크게 보면 버는 사람과 쓰는 사람, 주는 사람과 받는 사람이 있는데, 이 모든 일에 서로를 바꾸어 생각해 본 적이 있는지 되돌아본다.

쓰는 쪽도 벌어야 하는 쪽도 자기 처지에서 생각해 보면 상대의 허점 즉 만족스럽지 못한 행태들이 많아 보이지만, 조금 관심을 가지고 들여다보면 나름의 정당성을 갖고 최선을 다하고 있음을 인정해야 하지 않을까 생각된다.

이런 생각이 왜 들었는지 모르겠다. 그런데 곰곰이 생각해 보니 공직을 떠나 또 다른 편에서 일해야 하는 나의 모습을 생각해 볼 때 내가 정당성을 갖고 썼던 예산과 내가 벌려고 하는 돈이 어떻게 다른가에 대한 자기반성일지도 모르겠다.

장맛비를 뚫고 5명의 승객이 탄 버스는 목적지를 향해 오늘 해야 할 각자의 일을 찾아 나서고 있는 사람들의 모습 속에서 나에게 물어본다.

너는 지금 무엇을 위해 지금 이렇게 준비하고 있는지, 이게 옳은 것이지… 하지만 분명한 것은 공로연수 7일째인 오늘과 7일 전의 나는 왠지 같은 모습이라는 것.

지금, 이 모습… 잘한 선택이라는 것.

아들과 함께

_ 2021년 7월 8일 (목) / 공로연수 8일째

강의가 있는 날. 새벽녘에 눈을 떠 요란스럽게 준비를 해 집을 나선다.

아침 8시, 순천고속버스터미널 출발. 4시간여를 달려 서울터미널에 도착하자마자 다시 교육 장소까지 바쁘게 움직여 자리에 앉으니 기다렸다는 듯이 허기가 밀려온다. 하지만 여유가 없다.

오후 한 시부터 시작된 강의를 들으며 공무원 생활 41년의 나를 새롭게 바라본다. 5시간 교육을 마치고 바쁘게 살아가는 서울 사람들 틈에 섞여 좌충우돌 이동. 강남고속버스터미널에 도착해 늦은 점심 겸 이른 저녁 한 끼를 허겁지겁 먹고 나서 고속버스에 올라 잠시 여유를 부리다가 쪽잠에 들어 밤 11시쯤 집에 도착. 하루를 마무리하면 밀려드는 피곤함에 몸이 천근만근인 듯하다.

겨우 일주일 지났을 뿐인데 벌써 교육 여정에 체력의 한계를 느낀다. 모두 어떻게 일주일에 세 번 서울을 오가느냐? 어려우니 다른 방법을 찾으라는 말에 의욕에 넘쳐 일단 한 번 해보고 결정하겠다고 했지만, 결국 저질 체력과 나이 앞에 손을 들고 찾아간 아들 집.

1년에 두세 번 휴가와 가족 모임 등을 이유로 아들 집에 잠깐 머무를 때와는 다르게 주 3일 아빠와 함께 생활해야 한다는 불편한 현실에 반갑지 않은 눈치가 느껴진다.

아들은 지금 12시 출근 스케줄이라며 잠들어 있다.

어젯밤 아빠를 환영한다면서 택배로 주문한 흑산도 홍어와 돼지고기 수육에 막걸릿잔을 나누며 시작한 대화를 생각하며 '또 내 생각만 했구나' 후회해 보지만 이미 늦었다. 조용히 노트북과 짐을 챙겨 옆방에 자리를 잡고 글을 쓰며 잠시 생각에 잠긴다.

공로연수 8일 차. 나는 지금 무엇을 생각하고 있으며 무엇을 할 것인가를 고민 중이다. 다행스러운 것은 이미 행동을 시작했고 지금까지 살아온 나의 삶을 바꾸기 위해 도전 중이다.

이것이 옳은 것인지는 알 수 없지만, 퇴직 후 찾아올 많은 시간에 대해서 무엇을 하며 내 삶을 어떻게 살아갈 것인지에 대한 고민의 중심에는 지금까지 찾지 못했던, 해보지 못했던 내가 좋아하는 일을 하면서 살아야겠다는 생각에는 변함없다.

누군가 말했다. 인생 뭐 별거 있냐고. 내가 좋아하는 일 하면서 살면 그것이 행복한 인생 아니겠냐고… 그런데 나는 내가 좋아하는 일이 무엇인지 아직 정하지 못했다.

아들의 운동화

_ 2021년 7월 9일 (금) / 공로연수 9일째

언제 일어났는지 말끔히 단장한 아들 녀석이 신발을 신으며 “아빠 출근할게요.”라는 인사에, “오늘도 파이팅!”하고 하이파이브 응원을 보낸다.

문득 내려다본 운동화. 평소 깔끔한 성격임에도 어울리지 않게 낡고 지저분하다.

“운동화 좀 빨아 신고, 어지간하면 새로 사든 지 해라.”는 출근길 잔소리에

“아들이 알아서 할게요, 신경 쓰지 마세요.”라는 짜증이 담긴 대답이 돌아온다. 아차, 또 잔소리했구나 싶었지만 이미 늦었다.

이런 아빠의 눈치를 살피며 아들 녀석 특유의 넉살이 이어진다.

“아빠 오늘 시간 많으면 아들 운동화 좀 빨아주시던가요.” 하며 집을 나선다.

현관에 놓인 흙 묻은 운동화를 살펴보니 뒷굽도 많이 닳았다. 더러워진 운동화를 빨 시간도 없이, 뒤축이 낮아진 신발을 버리고 깨끗하고 폼나는 신발 살 여유도 없이, 바삐 살아가는 아들의 모습이 떠오른다.

아들 나이 31살! 시골 부모님 품에서 고등학교를 졸업하고 형과 함께 지낸다며 무조건 서울로 가겠다는 아들의 주장에, 너 하고 싶은 것을 찾을 수 있다면 어느 곳이라도 좋으니 가라고는 했지만, 항상 불안하고 초조한 마음이었다.

대학을 다니는 동안 꼭! 하고 싶은 것이 있다며 휴학하고 도전한 가수 지망생.

학원에 다니며 실력을 키워 도전했지만, 번번이 좌절하고 다행스럽게 취미생활로 바뀐 상태다.

조금 일찍 세상 물정에 눈을 떠 아르바이트 인맥으로 시작한 직장생활 1년쯤에 갑자기 해외를 가고 싶다며 모아둔 돈으로 호주 워킹홀리데이를 떠나는 것을 보고 놀랐지만, 그런 덕분에 가족 모두 호주 여행을 다녀오는 멋진 추억도 간직하게 되었다.

장난스럽게 던진 아들의 말이 자꾸 떠올라 점심 먹고 샤워하면서 아들의 낡은 운동화를 깨끗이 빨아 베란다 창틀 바람길 햇빛 잘 드는 곳에 세워두고 생각에 잠긴다.

아들이 처한 지금의 현실!

좋은 대학, 화려한 스펙, 능력 있는 부모를 둔 것도 아니지만 오직 하나,

힘들지만 자신을 믿고 하고 싶은 일 하면서 자신의 꿈을 키워 나가는 모습을 보며 60년을 살면서 '하고 싶은 일'을 찾지 못한 아빠보다 낫다는 대견한 마음이다.

'아들! 너는 할 수 있어'라고 외치며 베란다 창가 아들 운동화를 물끄러미 바라본다.

공로연수 멘토의 페이스 북

_ 2021년 7월 10일 (토) / 공로연수 10일째

공로연수 기간 중 나의 변화를 이끌어준 공직 후배지만 지금은 롤 모델이 된 멘토와 점심을 먹고 차를 마시며 지금 교육에 대한 많은 조언을 들었다. 오늘부터 나의 공로연수 멘토가 되어 달라는 요청을 흔쾌히 수락하고 지금 상황을 담은 사진과 함께 자신의 페이스북에 올리겠다는 제안에 기분 좋게 동의했다.

오후에 페이스북에 멘토의 글이 올라왔다.

'7월 1일부터 공로연수에 들어간 순천시 이재근 국장님을 서울 강남에서 만났습니다. 공로연수 기간 중 9월까지 3개월 180시간 과정 교육을 서울에서 받기 시작하셨죠,

벌써 3주째'

둘이 점심 먹는데 계속 '교육받길 잘했다.'라고 고맙다고 계속 밥 사 주신다고……

서울 교육을 제가 제안했거든요.

공로연수 기간에 공부하셔야 한다 했고, 국장님은 아주 유쾌하게 선뜻 수락하셨다고요.

'지금 많은 것을 느끼는 중'이라 하십니다.

'국장님과 저는 제가 8급 공무원인 1996년~1999년 동사무소에서 함께 근무했었는데, 그때 국장님은 저의 하늘 같은 멘토셨습니다. 선한 영향력을 주신……'

그런데, 댓글들을 보며 마음이 무거워졌다.

"멋지십니다. 새로운 인생도 건승을 기원합니다. 파이팅!"

"페북에서 보네요. 열공하시는 국장님 파이팅!"

"인생 삼모작 중 이모작을 준비하시는데 멋진 바나나가 되어주세요. 코로나 19는 멀리."

많은 분의 격려와 댓글에 뭉클한 기분이 들었으나 변화에 대한 약속을 공개한 기분이 들어 걱정도 함께 커진다.

한편으로는 페이스북과 같은 공간에 내 사진과 이름이 오르는 것을 보니 신기하다. 동시에 이러한 활동들이 이 시대를 살아가는 우리들의 일상 모습이라는 것에 적잖이 당혹스럽다. 하지만 이런 변화 또한 지금 내게 주어진 숙제 아니겠는가?

세상을 살면서 참 많은 만남이 이루어지고 이러한 만남을 통해 인생의 희로애락을 맛보며 살아가는 게 현실이지만, 이러한 만남 중 내가 배울 수 있고 선한 영향력으로 도움을 줄 수 있는 사람이 얼마나 있을까? 나는 과연 어떤 사람이었을까 생각하며 지나온 시간에 대한 후회보다는 앞으로의 만남을 더욱 소중히 해야겠다는 생각을 적어본다.

초복 복달임

_ 2021년 7월 11일 (일) / 공로연수 11일째

오랜만에 오 형제가 한자리에 모였다.

큰 누나의 수고 덕분에 시골집에 모여 아침 일찍 사온 싱싱한 토종닭에 대추, 인삼 등을 넣은 무더위를 물리칠 푸짐한 보양식을 나누는 자리가 마련되었다.

조금 늦게 도착한 우리를 자리를 함께한 가족 모두가 공직 마무리를 준비하는 공로연수 시작을 축하하는 박수로 맞아주어 순간 당황하기는 했지만 기분이 좋았다.

우리 형제는 누나와 남동생, 여동생 둘, 장남인 나 이렇게 다섯이다.

내 나이 삼십 대 초반, 공직생활 12년 차 즈음에 어머니께서 그리고 다음 해에는 아버지마저 지병으로 고생하다 돌아가셨다. 두 분 모두 일찍 세상을 떠나신 탓에 우리 형제들의 삶 속에는 큰 슬픔과 아쉬움, 그리고 마음속 가득히 그리움이 남았다.

공직생활 동안 많은 일이 있었지만 끈끈한 형제의 정을 마음 속 깊이 새기게 된 그 날의 기억이 아직도 생생하다.

공직 30년 차에 맞이한 벅찬 감격!

공무원 생활의 꽃으로 상징되는 사무관 승진!

주변 동료를 비롯한 많은 사람의 축하와 격려가 있었고 기쁜 마음에 사령장을 들고 부모님과 조상님 묘를 찾아 감사의 큰절을 올렸다.

그중에서도 오 형제를 비롯한 장인, 장모님 등 그동안 공직생활의 든든한 지원자였던 가족들의 기쁨은 이루 말할 수 없이 컸다. 오 형제와 함께한 축하 나눔 자리를 마무리하고 누나와 함께 찾은 곳은 그동안 눈으로 구경만 하고 지나간 백화점 신사정장 코너! 누나는 동생들과 함께 축하 선물을 해주기로 했다며 양복 한 벌을 골라 보라는 것이다.

내심 축하 선물이라는 말에 기분도 좋았고, 데리고 간 곳 또한 국내 유명 브랜드 신사정장 코너여서 마음이 더욱 들떴다. 눈에 띄는 옷이 많았는데 유독 매장 한가운데 걸린 양복에 마음이 끌렸다. 입어 보니 감촉과 스타일이 너무 좋아 다른 옷은 눈에 들어오지도 않았다. 슬며시 나의 눈치를 살피며 계산하는 누나의 모습이 약간 의아했지만, 집에 와서 다시 살펴보니 공직생활 30년 동안 입어 본 양복 중 최고였다.

뒤늦게 알게 되었는데, 그날 선물 받은 양복이 매장에서 가장 비싼 옷이었단다. 누나한테는 미안했지만 이후 중요한 보고나 발표, 결정이 있는 날 입고 나가면 일이 술술 잘 풀렸다. 그래서 10년이 지난 지금도 옷장 한가운데에 걸어 놓고 입는다.

한집에 모여 촌닭 복달임 음식을 먹으며 이런저런 이야기를 나누는 형제의 정.

이렇게 가족의 소중함을 새기는 자리가 있을 때마다 마음 한 구석에는 일찍 세상을 떠나신 부모님 생각에 진한 아쉬움으로 마음이 서글퍼질 때가 많다.

아랫장 풍경

_ 2021년 7월 12일 (월) / 공로연수 12일째

'젊은 청년이 승용차 트렁크에서 잘 익은 복숭아 한 광주리를 꺼내 들고 황급히 뛰어간다. 주름살 깊게 팬 노모는 일어나 복숭아를 넘겨받자마자 얼른 가라고 손짓한다. 다소 못마땅한 표정으로 돌아서는 젊은이…….'

이른 아침, 서울행 고속버스에서 본 전통시장 풍경 하나.

내 삶의 터전, 순천에는 대한민국 10대 전통시장으로 불리는 재래시장이 두 개나 있다. 원도심 안의 웃장과 아랫장으로, 웃장은 5, 10일에 아랫장은 2, 7일에 열린다. 철 따라 우리 고장의 특산물인 매실, 복숭아, 단감 등이 차례로 풍성하게 선보인다.

오늘은 7일이므로 아랫장이 섰다. 버스가 통과하는 도로변과 인도 끝까지 좌판이 펼쳐져 북적인다. 모두 직접 수확한 계절과일이며 고추, 가지, 호박을 이고 지고 나온 시골 어르신들이

다. 지나가는 사람들과 흥정하는 어르신들의 모습을 바라보다 문득 스치는 생각,

'며칠 전까지 전통시장 활성화, 안전하고 쾌적한 시장 운영 등을 고민했는데…….'

이제는 편안한 마음으로 바라보고 있는 내가 놀랍다.

종종 아내와 함께 전통시장을 찾아 장을 보면서 싱싱한 먹거리들을 들고나온 어르신들을 볼 때마다 '이분들이 안 계시면 어떤 풍경일까'를 생각하면, 세월이 지날수록 활기를 잃어가는 재래시장의 현실에 걱정과 안타까움이 동시에 밀려온다. 나도 한때는 전통시장 활성화 업무로 밤낮없이 뛰어다니기도 했는데…….

스치듯 지나쳐간 풍경을 바라보는 나의 변화를 생각해보며 나를 되돌아본다.

지금도 내 생각과 행동에는 41년간 몸담았던 공직생활에 길들어 있고 그 틀 안에서 무언가를 얻고자 하는 마음이지만 현실은 이미 울타리 밖에 있음을 인정하지 않았다는 생각에 마음이 무겁기만 하다.

무언가를 배우기 위해 길을 나서는 나의 모습, 맛있게 익은 복

숭아나 채소를 사고팔기 위해 시장을 찾은 사람들, 바쁜 발걸음으로 출근길을 서두르는 직장인, 무거운 가방을 메고 친구들과 활짝 웃으며 장난치며 학교로 향하는 학생 등 무더운 여름 월요일 아침 풍경이다.

나를 변화시키기 위한 노력, 이런 노력의 결과가 어떠한 모습으로 다가온다고 할지라도 이를 인정하고 받아들이는 것은 나의 몫이라는 마음가짐으로 살아갈 '내가 하고 싶은 일거리는 무엇일까?'

열심히 찾아봐야겠다.

첫 모임

_ 2021년 7월 13일 (화) / 공로연수 13일째

'백수가 과로사한다는 말 실감난다.'는 등
'바쁘게 일하다 보니 하루가 너무 빠르다.'라는 등
'무엇을 하든 마음 편히 할 수 있어 너무 좋다.'는 등

7월 1일부터 함께 공로연수에 들어간 동료들과 함께 첫 모임을 하였다.

공로연수 기간 중 '시정정책자문관'으로 위촉되어 시에서 마련해준 사무실에서 퇴직을 준비하며 시 정책에 내한 자문과 세안을 하는 자율적인 역할을 부여받은 것이다.

첫 모임에는 여덟 명의 회원이 참석했고 개인 사정으로 참석하지 못한 사람들은 다음 모임에 참석하겠다는 의견을 전해주었다,

사실 십여 일의 공로연수 기간을 보내면서 선배 퇴직자들이 보람을 찾을 수 있는 일을 준비하지 못해 등산 등으로 건강관리

를 하며 시간을 보내는 분들이 많다는 것을 알았다.

나 자신도 재직 중에는 공로연수 직원에 대한 자문단 위촉이나 활동 공간 제공에 곱지 않은 시선이었으나 이제 처지가 바뀌어 이러한 혜택을 받고 보니, 고마움으로 남아있는 동안 의미있는 일을 만들고 준비해야겠다는 생각이 든다.

그간의 일과 개인별로 준비하고 있는 계획에 관하여 이야기하고 앞으로의 자문단 활동을 위해 대표와 총무 등 임원을 선출하였는데, 임시 회의를 진행하였던 내가 대표를 맡게 되었고 회계와 운영 등을 책임지는 총무도 선출했다.

이어서 진행된 모임 운영에 대한 논의에서는 매주 화요일 정기 만남을 갖되, 첫 번째와 세 번째 화요일은 시 정책에 대해 제안하고 자문하는 날로 의견을 모았다.

논의를 마치고 자리를 옮겨 식사하면서 좀 더 진솔한 백수 생활 뒷이야기를 나누었다. 그리고 대표를 맡은 기념으로 첫 식사자리를 마련하고, 앞으로의 모임 운영에 적극적인 참여와 협조를 부탁하며 마무리했다.

정책단사무실에서 행정 전산망에 접속하여 일을 처리하려고 보니 그동안 큰 어려움 없이 사용하였던 프로그램 이용이 쉽지 않아 이를 해결하는데 반나절의 시간을 소비하고서, '아! 이런 변화와 어려움이 현직과의 차이구나'하는 것을 실감했다.

오후에는 직업상담사 필기시험 원서접수를 마무리 짓고 돌아오는 길에 함께 근무했던 직원 몇 사람과 차를 나누었다.

짧은 시간 가볍지 않은 공로연수 경험담과 교육을 받으며 느낀 소회들을 전하면서, "지금 이 시각을 경험한 선배들의 말씀이 무엇인지 몰랐지만, 이제는 알 듯하다. 미리 준비하는 게 어떤 것인지"를 강조하는 데, 이야기를 듣는 후배들의 모습 위로 문득문득 나의 옛 모습이 겹쳐 보여 속웃음을 삼키느라 애썼다.

"나도 퇴직한 선배의 조언에 저렇게 반응했었겠지……."

일곱 번째 서울행

_ 2021년 7월 14일 (수) / 공로연수 14일째

7시 30분!

아내와 함께 집을 나서 출근하는 기분으로 버스터미널에 도착했다. 고속버스가 시내를 통과하는 동안, 차창 밖으로 바쁜 걸음으로 일터로 향하는 사람들을 보며, 많은 생각에 잠긴다.

어제와는 또 다른 느낌으로 다가오는 생각.
'지금 내가 선택한 일이 잘한 것일까?'라는 고민과 함께,
수도권 코로나 19 확산으로 발걸음이 무겁다.
아직은 자유로운 신분이 아니므로 더욱 조심스럽고 불안하다.

배운다는 것, 준비한다는 것, 도전한다는 것 등 긍정적 마인드로 현재 내가 선택한 일들에 의미를 부여하며 아내가 준비해준 간식을 먹으며 어제 접수한 직업상담사 시험 관련 책자와 유튜브 강의로 졸음을 물리쳤다.

방금 듣고 본 내용인데도 문제 풀이에 들어가면 알쏭달쏭 머릿속이 텅 빈 느낌이 들어 공부도 때가 있다는 말이 실감나는데, 이 또한 그동안 해보지 못한 새로운 도전이라는 마음가짐으로 매달려본다.

네 시간 만에 도착한 강남고속버스터미널! 이제 교육기관까지 지하철 두 번을 갈아타고 이동해야 한다. 매번 지하철로 이동하면서 "서울 사람들 참 바쁘게 산다."는 생각을 한다. 이런 느낌을 아들에게 말하면 "아들은 그래서 서울이 좋다"며, "아빠 서울로 오세요."하는 대답이 돌아온다.

환승을 위해 5분여를 걸어가는 동안, '내가 사는 순천도 지금 이곳처럼 많은 사람이 움직이고 활동하면 얼마나 좋을까'라고 생각하는 내가 참 공무원답다.

교육장 근처 커피숍에서 커피를 주문, 아내가 준비해준 토스트로 간단히 점심을 해결하고 교육 장소로 발걸음을 옮기는데 오늘도 신기하게 지하철역 입구에서 무언가를 홍보하는 젊은이들이 바쁘게 걸어가는 사람들에게 물티슈와 홍보물을 나누어주며 말을 건다.

그런데 지하철역 입구를 나서는 다른 사람들에게는 말을 건네는데 내게는 관심이 없다. 지금까지 도착해서 차를 타기 위해 일곱 번을 만났는데 신기하게도 똑같다. 내 얼굴과 외모에서 다른 무언가가 느껴지는 것일까? 배움을 향한 힘찬 발걸음으로 이곳을 지나면서 '양복을 입고 오면 나에게 말을 걸어올까'하는 생각에 미소가 흐른다.

오늘 교육에서 던져진 준비, 도전, 인내의 길을 찾아 순천으로 향하는 KTX 열차에 몸을 실었다.

첫 일거리 전직 성공!

_ 2021년 7월 15일 (목) / 공로연수 15일째

공로연수를 시작하며 생각해 놓았던 첫 번째 일거리를 시작하는 날이다. 현재 배우고 있는 '전직(轉職)'의 의미에서 살펴보면 일거리에 속한다. 아내의 출퇴근길 운전기사! 생각보다 까다로운 조건이다.

먼저 단정한 머리와 수염을 기르지 않은 깔끔한 외모, 세미 정장을 입는다. 한마디로 직장 출근할 때와 같은 외모와 복장을 말한다. 시 외곽 도로 운행으로 안전운전에 차량은 항상 깨끗해야 하며 출퇴근 시간 엄수는 기본이다.

직장에 출근할 때와 같은 생활로 면도와 샤워하고 옷을 갖춰 입고 거울을 보며 미소 지어본다. 나에게 주어진 작은 일거리에 기분 좋은 긴장감으로 집을 나서며 아내에게 말을 걸었다.

"나에게 일거리를 주어서 고맙다."라고, "이것이 바로 내가 배우고 있는 전직의 의미에서 바라보면 사회공헌 일자리 중 가장 보람 있는 가정공헌 일거리"라고 공부한 척 너스레를 떨었다.

아내와 함께하는 출근길!

10여 년을 함께한 출근길에 변한 것은 나를 먼저 시청 근처에 내려주고 바쁘게 길을 재촉하던 모습에서 이제는 아내의 직장으로 바로 간다는 것.

"며칠 전까지 시청을 들러 갔는데 이제는 바로 가니 어색하네"하면서 나를 바라보는 아내의 눈빛이 사랑스럽다.

집에서 출발해 40여 분을 달리는 동안 창문을 열어 계절 내음 가득한 아침 공기를 마시며 아내의 일터에 도착, "오늘도 행복한 하루"라는 인사를 건네며 걸어가는 뒷모습을 보니 많은 생각이 든다.

나를 만나 함께한 시간이 어느덧 34년. 보람된 일터라며 집에서 어린이집까지 한 길을 오고 간지 10여 년이 지났지만 '지금 하는 일이 즐겁고 계절의 변화를 느끼며 출퇴근하는 이 길이 정말 좋다'고 말하는 고마운 마음을 새기며 돌아왔다.

오늘은 먼저 퇴직한 동창들과 점심을 함께하는 날이다. 공로연수를 축하한다며 차분한 마음가짐으로 욕심과 자존심을 버려야 이 생활도 잘할 수 있다는 노하우를 밥 사주며 가르쳐 준다며 그간의 일을 이야기하며 차까지 대접받았다. 한 직장에서 30년 넘게 생활을 함께했지만 돌이켜보면 많은 아픔을 나누었던 동료이자 친구들이다. 이제는 부부동반 모임을 함께하며 건강과 행복한 삶에 관한 생각들을 나누고 있다.

새롭게 준비하고 있는 몇 가지 일을 처리하다 보니 어느덧 아내의 퇴근길 임무를 수행할 시간이다. 아침 공기를 마시며 달렸던 길의 오후 햇살을 가르며 차를 몰아 낙안읍성 주차장에 도착했다. 무더운 여름 땀 흘리며 고생한 아내를 위해 카페에 들러 평소 좋아하는 망고 스무디를 주문하는 동안 걸려온 전화…

'5분 후에 도착'이라는 멘트와 함께 '쿨' 하게 끊기는 통화는 영락없는 고용주 콘셉트이다. 주문한 음료를 들고 조금 늦게 도착하니 "첫날부터 시간을 어기면 곤란한데."라는 말에 시원 달달한 망고 스무디를 내밀며,

"오늘도 고생했어요"라고 아부성 멘트를 날리니 아내의 장난스러운 얼굴에 미소가 흐른다.

무더운 여름날 망고 스무디 한 잔으로 깊어지는 부부의 정…

'이것이 행복이다.'

28인승 버스에 6명

_ 2021년 7월 16일 (금) / 공로연수 16일째

최근 코로나 19 확진자 발생 상황이 심각하다. 특히, 서울을 비롯한 수도권은 사회적 거리 두기 4단계가 시행되었지만, 확진자가 늘어나는 추세로 전국이 심각한 단계에 접어든 시점이다.

오늘은 28인승 버스에 6명의 손님을 태우고 서울로 출발하는데 지난 수요일과 비교해도 승객이 눈에 띄게 줄어든 상황, 버스를 타고 이동하는 동안 마음이 뒤숭숭하다. 최근 지인들을 만나면 서울을 다녀온 나와의 만남을 조심스러워하는 느낌이 든다.

내가 사는 순천의 코로나 확진자 발생 상황은 안정단계지만, 여름 휴가철을 맞아 수도권 거주자의 지역 방문이 늘면서, 사회적 거리 두기를 1단계에서 2단계로 높이고, 생활방역에 최선을 다해 달라고 당부하고 있는 상황으로 점점 고민이 깊어진다.

이런 고민스러운 여건 속에서 먼길을 달려와 함께 만난 사람들. 각자 다른 여건 속에서도 생각과 목표는 상황에 따라 달리

하지만, 내가 느낄 수 있는 것은 지금까지 살아온 만큼 이제는 하고 싶은 일을 찾는데 목표를 두고 달려갈 수 있음에 감사하고 행복한 마음으로 배우자는 것이다.

함께하는 교육생들의 절박함은 나보다 훨씬 큰 듯하다. 또한, 지금까지 삶의 울타리가 다른 환경이다보니 나의 변화를 끌어내기에는 더 많은 용기와 도전이 필요하다는 것을 알고 있다.

따라서 오늘도 조심스럽게 배움의 시간을 함께하며 호흡해본다.

오후에는 본 과정을 진행하는 회사 측에서 현 코로나 19 상황에 따라 대면 수업을 계속해 나갈 것인지에 대한 의견수렴이 있었다. 수강생 대부분은 교육의 효과 측면에서 실습 위주 교육인 만큼 대면 수업을 희망했다. 나는 비대면 온라인 수업을 진행했으면 하는 의견을 말하기는 했으나 다수 의견에 따라 상황을 살피며 방역세계를 강화하는 시설들을 보완하여 대면 수업을 지속하기로 했다.

비록 내가 선택한 일이지만, 현 수도권 코로나 상황에서 주 2회 이상 서울을 오가는 나의 처지에서, 매일 만나야 하는 사람들이 서울과 순천에서 나로 인해 교차한다는 상황이 몹시 불안하다. 아직은 나의 여건이 자유롭지 못한 상황에 대하여 교육기관에 호소하거나 협조를 요청할 뿐 딱히 다른 대안이 없어 늘

초조한 심정이다.

늦은 오후 갑자기 해가 구름에 가려지면서 하늘을 뒤덮는 새까만 먹구름과 함께 곧장 쏟아지는 비. 빗속을 뚫고 달리는 버스의 창밖 풍경을 보면서 오늘 하루의 고단함을 잊는 잠에 빠져들었다.

코로나 19 선별진료소를 찾아서

_ 2021년 7월 17일 (토) / 공로연수 17일째

공로연수를 시작하며 함께 근무했던 동료들과 특별히 약속하지 않아도 만나는 시간. 매주 토요일 새벽, 시청 축구동호회 회원들과 운동하는 시간이다. 재직 중에도 일주일의 피로를 확 날려버리고 새롭게 시작하는 한주의 에너지를 얻는 시간으로 생각하며 특별한 일정이 아니면 운동장을 찾아 함께해 왔다.

축구를 잘하지 못하지만, 동료들과 함께 호흡하면서 열심히 뛰는 것이 더없이 좋다. 때때로 내가 해준 패스가 골로 연결될 때, 흔하진 않지만 뛰어난 위치 선정으로 골을 넣었을 때, 그 기분은 이루 말로 표현할 수 없을 정도로 짜릿하고 통쾌하다.

하지만 요즘 운동장에 나온 동료들이 나를 대하는 태도와 표정들에서 반가움보다는 뭔가 슬슬 피한다는 느낌을 받는다. 현직이 아니어서 그런가 하는 섭섭함을 느끼고 있는데, 함께 운동하는 친구가 "서울 교육 잘 받고 있냐?", "요즘 서울과 수도권에 다녀오면 코로나 검사 꼭 받아야 하는데 언제 받았냐?" 하는 물

음에서 그 이유를 알게 되었다.

함께 운동하는 회원들 모두 현직에 있는 공무원 신분으로 코로나 개인 생활수칙에 각별하게 신경을 쓰고 있다. 보름간 여덟 번 서울을 다녀오면서 너무 자만했다는 생각과 함께 현실감각이 점점 무뎌지고 있다는 반성을 하게 되었다.

운동을 마치고 곧바로 보건소 선별진료소를 찾아 PCR(유전자 검출검사)을 하고 결과가 올 때까지 집에서 자가격리했다. 그동안 서울에서 사용했던 마스크는 순천 도착과 함께 새 마스크로 바꾸는 등 최선을 다했었다. 하지만 돌이켜보면 너무 이기적인 마음으로 나만 생각했다는 반성과 함께 주변 사람들이 나를 바라보는 시선에 아직 예민해 있음을 알 수 있었다.

저녁 22:44 날아든 한 통의 메시지!
'코로나 19 PCR 결과 음성입니다'라는 문자를 받고 기쁜 마음과 더불어 안도의 한숨을 내쉬면서, 앞으로는 주변을 더 세밀하게 살펴야겠다고 다짐했다.

다른 것은 몰라도 나의 발전을 위해 선택한 교육이 끝날 때까지는 주변을 더 살피고, 내가 해야 할 일들을 먼저 찾아 실천하기 위해 '매주 토요일은 코로나 19 선별진료소 찾는 날'로 기록하고 실천해 나가야겠다.

백반 맛집과 텃밭 채소 부침개

_ 2021년 7월 18일 (일) / 공로연수 18일째

점점 무뎌지는 요일 감각. 이른 새벽 시간, 눈을 뜨고 일어나 몸을 움직였다. 이때 들려오는 아내의 불만 가득한 목소리 "오늘 일요일인데 늦잠 좀 자게 방해하지 말라"는 것이다.

거실로 나와 벽에 걸린 달력을 보니 공로연수 시작한 지 세 번째 맞는 일요일 아침이다. 평소에는 함께 늦잠을 자는 날이 많았던 일요일인데, 요즘은 부담 있는 일정들이 부쩍 줄어든 탓인지, 하루하루 비슷비슷한 일상들로 긴장감이 떨어진 탓인지, 주말 감각이 무뎌진 기분이다.

조금 늦은 아침. 아내의 기분과 배고픔을 달래기 위해 순천역 근처에 있는 식당을 찾았다. 이곳 백반집은 착한 가격에 정갈한 반찬과 맛깔스러운 시래기 된장국이 우리 부부 입맛을 돋게 해준다. 그래서 주말 조금 늦은 아침을 먹기엔 딱 좋은 곳이다. 여름이라서 상하기 쉬운 나물 반찬이 조금 줄었다는 아내의 날카

로운 눈썰미에 다시 한번 놀라며 따뜻한 된장국 한 그릇에 소확행을 불러온다.

어제 텃밭에 심어둔 옥수수, 가지, 부추, 고추, 방아잎 등으로 간식을 준비하는 아내. 옥수수를 찌고 부침개를 만드는 아내를 보며 지난날들을 돌이켜 본다.

오후에는 푹푹 찌는 무더위를 잠시 달래주는 장맛비가 내린다. 준비해둔 부침개에 막걸리 한 잔 마시며 흘러간 시간 속 추억들을 이야기한다. 그러다가 내리는 빗줄기를 무심히 바라보며 문득 드는 생각,

'비가 너무 많이 내리면 안 되는데.' 하면서 휴일 오후를 보낸다.

이제는 월요일 출근과 함께 이루어지는 간부회의 등 일에 대한 걱정은 없지만, 지금까지 나를 둘러싸고 있던 울타리가 어느 순간 없어졌다는 현실에 적응하기 쉽지 않다.

글을 쓰면서 계속 드는 생각들…

내가 지금 잘하고 있는 것일까?

무엇을 할 수 있을까?

지금 나는 잘해야 하는 것도 무엇을 해야 하는 압박감이 있는 것도 아닌데…….

멋져 보여

_ 2021년 7월 19일 (월) / 공로연수 19일째

설레는 마음으로 가방을 챙겨 깔끔한 출근 복장을 하고 집을 나서며, "나 이런 모습 어떤가?" 하는 물음에, "멋져 보인다."라는 아내의 대답에 괜히 우쭐해진다.

공직생활 마무리를 위해 공로연수에 들어간다고 했을 때, 가장 많은 걱정을 했던 아내의 격려가 담긴 말 한마디로 기분 좋은 한주의 멋진 하루가 시작되었다.

오늘은 열 번째 서울 길이다. 보통 아침 8시에 버스를 타면 4시간여를 달려 12시쯤 서울에 도착, 오후 1시부터 시작해 5교시 강의가 마무리되면 오후 7시, 기차에 올라 집에 도착하는 시간이 밤 10시쯤이다. 하루 14시간 동안 이동과 강의를 듣는 날이 일주일에 세 번, 사실 조금 버겁다.

무엇을 위해 하는지 스스로 물어보고 왜 해야 하는지에 대해

답을 찾아보지만, 내가 선택한 일이고 아직은 내가 하고 싶은 일로 생각되어 버텨보지만, 자꾸 고민이 많아진다. 생각해보면 다들 건강관리를 최우선으로 취미생활 하면서 그럭저럭 즐겁게 살아가는 모습이다. 그런데 '나는 왜 이 길을 선택했을까'하는 고민이 다시 시작된다.

전직 지원 컨설턴트 교육과정을 통해 첫 강의를 듣고 그렸던 내 생각은 시간이 거듭될수록 다듬어지고 크기가 줄면서 점차 현실적인 부분에 이르고 있다.

큰 틀에서 보면 일자리에 대한 욕심보다는 일거리에 대한 접근이다. 그 핵심은 일에 대한 보상이 돈보다는 보람이 더 큰 비중을 차지하는 사회공헌적 일거리임에는 분명하다. 아울러 이를 실현하기 위해서 많은 시간과 노력을 통해 알게 된 내용을 다듬어 현실화시켜야 하는 시점에 이른 것이다.

더욱 중요한 것은 새롭게 선택한 일을 즐겁게 오래 하기 위해서 내가 좋아하는 일을 찾아야 하는데 아직 확신이 드는 일을 찾지 못했다는 것이 더욱 큰 숙제다. 이러한 숙제를 해결하기 위해 이번 교육을 통해 나를 둘러싸고 있는 울타리를 걷어내고, 내가 지닌 장점을 찾아 즐겁게 할 수 있는 일거리를 만들어 내는 것이 목표다.

오늘 팀을 이루어 토론하는 교육에서 나를 돌아보게 하는 한 마디, "이런 보고서는 윗사람이 거들떠보지 않고 던져버려요. 통계수치가 담긴 분석으로 방향을 정하고 목표를 설정해야지 현실감 없는 보고서는 안 됩니다."라는 말을 들으며 문제를 바라보는 다른 시각을 알게 되었다.

이번 교육을 통해 퇴직 후, 하게 될 일들은 실적으로 평가되고, 결과에 따라 기회가 주어지는 냉혹한 현실이 자리하고 있음을 생각하면서, 새로운 마음가짐으로 선택에 후회가 없도록 변화해 보자.

아! 그때 그랬지

_ 2021년 7월 20일 (화) / 공로연수 20일째

모처럼 갖는 옛 동료들과의 저녁.

여덟 사람이 함께하기로 한 자리에 5인 이상 사적 모임 금지로 백신 접종이 끝난 사람을 포함 다섯 사람이 자리를 함께했다.

공직생활 중 가장 힘들었던 시기, 함께한 동료들이 있었기에 가슴 뿌듯한 보람과 성과로 존재감을 나타낼 수 있었던 소중한 시간을 하나씩 꺼내 보았다.

자리를 함께한 후배들이 준비한 선물은 4년여 시간 동안 함께 일하며 누군가의 스마트폰에 담겨있던 추억의 사진들을 모아 사진첩을 만든 것이다.

감동 그 자체!

어떤 단어로도 표현할 수 없는 고마움과 함께 진한 동료애가 느껴졌다. 사진첩에 담긴 사진들은 시간과 추억으로 가득한 현장감과 함께 땀과 눈물이 담긴 모습으로 다가왔고 '아! 우리 이

때 그랬지', '여기가 어디지', '이사진 누가 찍은 거야', '보관하고 있던 옛 핸드폰에서 찾은 거래요', '사진이 많이 흔들렸는데 그때 생각난다.' 등 모든 추억을 이야기하며 가슴 벅찬 시간을 보냈다.

감사함이 가득한 자리를 마무리하고 돌아오는 길. 우리가 살아가는 동안 정말 많은 사람을 만나고 스쳐 지나갔다. 많은 시간 중 우연한 기회에 만나 한 직장에서 일하게 된 사람들… 함께 근무하지 않았다면 기억되지 않을 사람들이 일로서 만나 많은 사연을 만든다.

41년 공직생활 중 많은 동료를 만나 함께 일하지만, 그중에서도 어렵고 힘든 시기에 만났던 동료들이 더 애틋하고 깊은 정이 느껴진다.

'새내기 공무원으로 생소한 일들로 어리둥절한 시절, 멋모르고 과장님을 만나 생전 처음 듣는 용어들로 가득한 일을 하면서 정말 많은 밤을 새웠고 혼자 울기도 많이 울었던 그때'

'지금 생각하면 그때 어떻게 그렇게 일했는지 모르지만 지나고 나니 많은 성장이 있었다.'

'아가씨, 총각 때니까 할 수 있었던 같다. 지금은 힘들겠지.'라는 후배들의 말을 떠올리며

'그런데 내가 그럴 자격이 있는 사람인가?'

'이렇게 함께 일하고 고생한 동료들이 있었기에 지금 내가 있는 게 아닌가'하는 물음에, 이제는 공직의 울타리를 떠나 감사한 사람들을 생각하며 '함께 일했던 괜찮은 사람으로', '차 한 잔 나누며 이야기하고 싶은 선배'로 남고 싶은 마음속 바람.

시간이 지나면서 사라지는 모습들… 이런 생각 또한 버려야 할 욕심인데 아직 내려놓지 못한 것을 보니 더 많은 시간이 필요한 듯하다.

희미하게 보이는 열린 문

_ 2021년 7월 21일 (목) / 공로연수 21일째

전직 지원 컨설턴트.

낯설기만 하던 교육과정이 시간을 거듭하면서 서서히 가닥을 잡아가는 느낌이다. 무엇보다도 '내가 지금 이 교육을 왜 시작했을까?', 알 수 없는 불안이 수그러들면서 '이 교육을 선택하기 정말 잘했구나!' 하는 마음이 고개를 든다.

퇴직을 6개월 앞두고 시작된 공로연수. 무엇을 할 것인가? 매일 아침 출근 시간 어디로 갈까? 남들 일하는 시간 집에 드나들며 만나야 하는 이웃의 시선들. 이 모든 것들이 낯설고 짧은 시간에 극복하기 힘든 일이라 생각했다.

아내를 비롯해 주변 지인들의 위로가 담긴 격려의 말은 '고생했으니 당분간 푹 쉬면서 천천히 생각하고 준비해도 충분하다.' 라는 것이었다. 하지만 전직 지원 멘토의 권유로 교육과정을 선

택하고, 매우 잘한 일로 생각한 첫 번째 이유는 일주일에 세 번 출근할 때와 똑같이 집을 나선다는 것이다.

교육과정의 반환점을 앞둔 지금 나는 전직에 대한 이해와 내가 가지고 있는 장점들을 어떻게 활용할 것인가? 그리고 무엇을 할 수 있는지에 대한 나를 위한 컨설팅 과정을 거치고 있다. 함께 교육을 받는 교육생들과의 사례 공유 및 토론을 통해 나를 찾아가는 시간이 모이면서 이제는 서서히 보이기 시작한다.

오늘 교육에서 머리에 남겨진 한마디.

'지나온 문들을 되돌아보지 말고 앞에 놓인 문들을 열어라'

이 말이 무엇을 의미하는지, 그렇다면 내가 열 수 있는 문이 있는지 안개 속에 가려졌던 문이 서서히 걷히면서 정리되지 않던 많은 생각이 머리를 스친다.

우선 나 자신을 전직 대상자로 생각하는 게 옳은 생각이며 모든 교육과정 사례연구 실습 과정에 나를 대입하여 배워가는 일들에 흥미를 느끼기 시작했다.

두렵기만 하던 나의 모습, 막연하게 생각했던 새로운 시작, 무언가 해야 한다는 강박관념들… 누가 강요하지도 요구하지도 않은 것들인데. 이제 내가 묻고 내가 생각한 답으로, '하고 싶은 일하며 즐겁게 사는 것'이라는 나의 인생관을 현실감 있게 설계해 나가야겠다.

이제는 서울 오가는 길이, 지하철을 타고 이동하는 길이 제법 익숙해졌다. 비록 몸은 피곤하지만 퇴직 후 일거리를 찾아 배움의 길에 맞이한 붉게 물들어가는 노을에 하루의 고단함을 날려 보낸다.

내가 먼저 '얼굴 한 번 보세'

_ 2021년 7월 22일 (목) / 공로연수 22일째

직장생활 중 기쁘고 좋을 때, 허탈하고 슬플 때를 떠올려보면 인사발령을 받을 때가 아닐까.

많은 우여곡절을 거쳐 인사기록카드 한 칸 한 칸을 채우고, 이제 '정년퇴직' 한 칸을 남겨놓고 있지만, 함께 근무했던 직원들이 조금은 서운한 인사발령을 받고 나면 미안한 마음이 들었다.

지난 2년간 함께 일하며 본인 의지와는 다르게 서운한 인사로 마음 상처를 간직한 몇 사람이 우연히 같은 부서에 근무하고 있어, 안부를 물으며 오늘 점심을 함께 먹자는 나의 제안에 "점심은 저희가 사겠습니다."라는 정 가득한 답장이 돌아왔다.

'오늘은 내가 번팅 제안을 했으니, 다음에 정식으로 초대해 주시게.'라고 전하고,

함께 근무하고 있는 직원들과 자리하기로 했다.

공로연수를 시작하고 몇 번의 식사 약속 대부분은 상대방의 요청에 의한 것이었지만, 오늘은 나의 요청으로 함께하는 자리이기에 설레는 마음으로 한자리에 앉아 이야기를 나누었다.

식당을 나오면서 함께 근무했던 직원들의 모습을 보고 밥값을 함께 계산하고 안부를 물으니, "국장님이 밥을 사주니 더 맛있다."라는 고마움 가득한 밝은 목소리가 돌아왔다.

점심을 함께했던 직원들과 자리를 옮겨 차를 마셨다. 한 달도 아닌 20여 일 지나면서 느껴지는 직장의 울타리와 지금 그 자리에서 하는 일의 소중함에 대한 소회를 나누었다. 생각해보면 먼저 퇴직한 선배들의 한마디 한마디가 현실로 다가왔다. 그 말의 의미가 무엇인지 알게 되면서 변해가는 나의 모습을 들여다봤다.

여전히 바쁘게 움직이는 하루. 아내 출근길 동행 후 공직생활 추억앨범과 영상을 만들고 있는 작가와 미팅을 끝내고 약속된 직원들과 점심, 오후에는 시정정책연구단 사무실에 들러 일을 마무리하는 동안에 '10분 빠르게 와 달라'는 아내의 전화를 받고 바쁘게 차를 몰아 집에 도착한 시간이 오후 6시!

불과 한 달 전의 하루와 오늘 하루는 무엇이 다를까.

요즘 아내와 함께하는 출퇴근길에 내가 자주 하는 말들이다.

“주어진 시간은 같은데 지금은 모든 일을 내가 결정하고 마음대로 할 수 있어 정말 좋다.”

“정해진 시간에 가야 할 곳도 끝내야 할 일도 없다는 것이, 당신에겐 미안하지만, 정말 좋다.”

“그리고 빠르게 흘러가는 시간. 이것이 바로 하고 싶은 일을 하고 사는 인생이 아닐까 싶다.”

전화번호 1,850개

_ 2021년 7월 23일 (금) / 공로연수 23일째

"너 전화기에 저장된 전화번호 몇 개냐?"

"며칠 전 정리했는데 아직 2000개 정도는 되더라."

"퇴직 후 1년이 되어 느낀 가장 큰 변화는, 핸드폰에 저장된 전화번호 중 나를 찾는 사람도, 내가 필요해서 전화할 사람도 거의 없더라, 마음 비우고 정리해라."

며칠 전 모임을 끝내고 친구와 차 한 잔 나누며 나눈 대화가 문득 떠올랐다.

공로연수를 시작하면서 내려놓아야 할 것 중 업무적으로 만나 핸드폰에 저장한 전화번호 정리가 첫 번째 할 일이라는 말을 듣고 어느 정도 정리했다고 생각했는데 다시 살펴보니 1,850개의 번호가 저장된 사실에 깜짝 놀랐다.

공로연수 한 달. 아직은 큰 변화 없이 친구들과 옛 동료와의 만남이 이루어지고 있으나 들여다보면 공로연수 전 함께 자리를

갖지 못해 정한 약속들이 대부분이며 전화 또한 내가 먼저 통화해 궁금한 것을 물어보는 경우가 대부분이라는 생각이 들었다.

무더운 여름날 오후. 핸드폰에 저장된 전화번호 정리를 시작했다. 우선 그룹으로 가족, 모임, 친구, 맛집, 업무로 크게 묶었다. 저장된 전화번호 절반 이상을 차지하는 업무 그룹은 다시 직원과 지인으로 나누고 업무 관련 전화번호 중 개인적인 만남과 통화한 기억이 있는 사람 중심으로 남겼다. 정리를 시작한지 한 시간 정도 지났다. 두 번째 정리인데도 아직 저장된 900여개 전화번호에 대하여 생각해보았다.

아직 많은 아쉬움과 함께 기대가 남아있구나 하는 생각이 들지만, 이 모든 것을 떨쳐 내기엔 이겨내야 할 나만의 시간이 조금 더 필요하다는 것을 의미한다.

아침 8시 고속버스를 타고 나선 길, 서울에 도착 후 아내가 준비해준 샌드위치에 커피 한 잔, 다섯 시간 강의를 듣고 강남고속버스터미널에 도착, 간단한 저녁을 먹고 버스를 기다린다. 버스를 기다리는 동안 항상 눈에 띄는 길게 늘어선 줄, 그 끝엔 로또 판매점이 있다. 내일 저녁 자신에게 행운이 찾아들기를 바라고 있겠지만, 만 원짜리 한 장과 본인이 선택한 번호를 마킹한 종이를 쥔 얼굴들은 대부분 무표정에 가깝다.

자세히 살펴보면 길게 늘어선 줄에 서 있는 사람들 대부분이 30대 전후 젊은이다. 우리 아들들도 인생 한방을 기대하며 가끔 로또나 연금 복권을 구매한다는 말이 떠오른다.

버스를 기다리는 지금, 이 시간. 퇴직 후 일거리를 위해 준비의 시간을 보내고 있는 사람과 로또 판매점에 행운의 번호를 받아들고 돌아서는 사람의 꿈은 무엇이 어떻게 다를까.

멘토의 고향 방문

_ 2021년 7월 24일(토) / 공로연수 24일째

"순천에 사무실 집기와 책들을 보관할 방 하나 구해주세요"

갑작스러운 부탁에 여기저기 수소문하여 동창 친구의 주택에 방 하나를 소개해 주었다. 한때는 같은 직장에서 근무했고 지금은 나의 공로연수 멘토지만 전직 지원 컨설턴트 과정 교육을 받으면서 드는 생각은 배울 것이 너무 많은 후배다.

뜨거운 여름날 오후 1시, 터미널에서 만나 예약한 식당으로 이동해 점심을 먹은 후 약속 시각에 맞춰 친구 집에 도착, 친구 부부와 첫인사를 나누었다. 고등학교 동창인 집주인은 시청에 근무하다 1년여 빨리 명예퇴직했다. 그 후 건강을 살피며 온화한 성품과 어울리는 보람 있는 일을 찾고 있다. 집주인 부부는 집안 텃밭 잡초와 보여줄 방을 정리하며 땀 흘려 일하다가 집을 방문한 우리 일행을 반갑게 맞이해 주었다.

사용할 방을 둘러보고 들여올 이삿짐 등에 관한 이야기가 마무리되면서 서로 궁금한 부분에 관해 대화를 나눴다. 그리고 자연스럽게 공동의 관심사인 생애 설계와 퇴직 후 일자리에 관한 생각들을 공유했다. 이야기가 오가는 동안 친구 부인은 텃밭에 열린 큰 참외가 탐스럽게 열렸으니 차와 함께 먹어보자고 했다. 조금 더 익어야 먹을 수 있다는 친구의 말에도 집에 찾아온 손님에게 대접해야 한다며 텃밭에 열린 참외를 따서 깎기 시작했다.

친구의 말대로 아직은 설익은 참외다. 설익은 참외라 달지는 않지만, 집주인의 정성과 텃밭에서 키운 무농약 참외라는 생각에 모두 한입씩 베어 물었다. 오이보다는 낫다고 너스레를 떨며 한두 쪽씩 나누어 먹었다. 온화한 성품만큼이나 조건 없이 내어주는 마음에 대해 흡족한 표정을 짓는 후배 멘토를 보니 안심이 되는 한편 친구에게 부담을 준 것 같아 미안하기도 했다.

늦은 저녁시간 멘토에게서 전화가 왔다. 오늘 수고해주신 덕분에 좋은 공간을 얻게 되었다며 고맙다는 인사였다. 그런데 가방을 열어보니 웬 열쇠가 들어 있어 되짚어보니, 계약도 하지 않은 집 열쇠를 손에 쥐어주며 인자하게 웃던 친구분이 떠올랐단다.

'아직 시골에는 이런 정이 남아있다는 생각에 참 기분이 좋았다.'라고 한다. '앞으로 멘토 역할 더 잘하겠다.'라는 약속에 웃음으로 화답하고 통화를 마무리했다.)

감사의 마음을 전하기에는 조금 늦은 시간이다. 내일은 친구에게 전화해 고맙다는 말을 전해야겠다.

전화기도 지갑도 없을 때

_ 2021년 7월 25일 (일) / 공로연수 25일째

주말 가족 모임 준비에 필요한 총각무, 파 등을 사기 위해 아내와 함께 장을 보러 나섰다.

우리 지역 전통시장인 웃장이 열리는 날이다. 무더운 날씨 탓인지 오후 2시인데도 오가는 사람이 거의 없고 장사하시는 분들이 더 많다. 이른 시간임에도 벌써 파장 분위기다. 이곳저곳 둘러보다가 좌판에 앉아 채소를 파시는 할머니께서 잘 다듬어 놓은 싱싱한 파를 보여준다. 그리고 '파 다듬은 공력이 아깝다.' 라며 떨이 가격에 주신다는 말씀에 장바구니에 담았다.

평소 같으면 한창 시간인데 코로나와 무더운 날씨 탓에 일찍 자리를 정리하는 분들을 보니 안타까운 마음이 든다. 돌아오는 길에 원협 하나로마트에 들렀다. 물건을 사면서 살펴보니, 이곳에 꽤 많은 젊은 사람이 물건을 카트에 담는 모습을 보면서, 조금 전 들렀던 전통시장 풍경이 떠오른다.

오늘 필요한 품목을 메모해 둔 스마트폰을 보면서 구매한 물건들을 장바구니에 담아 아내의 뒤를 따르는 게 나에게 맡겨진 임무고 계산대에서 카드를 내놓는 게 나의 역할이다. 제법 묵직해진 짐을 옮기면서 아내의 가방 속에 나의 핸드폰과 지갑을 넣어두었다. 집에 도착해 장바구니에 담긴 물건을 옮겨주고 차를 다른 장소에 주차하고 택시를 타고 다시 집으로 가기 위해 주머니를 만져보니 있어야 할 지갑도 핸드폰도 없다.

뒤늦게 아내의 가방에 핸드폰과 지갑을 넣어 둔 것이 생각났다. 연락할 방법도 택시를 탈 현금도 카드도 없어 난감했다.

요즘 가끔 이런 실수를 한다. 나이 탓일까 위로해 보기도 하지만 곰곰이 생각해보면 십여 년 전에 이런 일이 있으면 한 시간 거리는 걸어서도 다녔고 백 원짜리 동전 한 개면 공중전화로 연락해 문제를 해결했다.

그런데 이제는 건강을 위해 걷기 운동을 하는 경우를 제외하면 이삼십 분 거리를 걷는다는 것, 핸드폰이 없으면 연락하기가 쉽지 않다는 것이 무엇을 의미할까 생각해본다.

이러한 생각 끝에 내린 나의 선택은 다시 차를 가지고 집으로 가는 것이다. 집에 도착해 아내에게 상황을 설명했더니 답이 간단하다.

"택시 타고 와서 전화하면 택시비 가지고 내려갈 텐데 차를 다시 가지고 왔냐."며 핀잔을 준다.

내가 그 생각을 행동에 옮기지 않은 것은 자존심 때문이다. 우리는 가끔 '자존심이 밥 먹여 주냐'라고 말한다. 하지만 나는 아직 '자존심이 밥 먹여 준다.'라는 쪽으로 마음이 있는 듯하다.

2부

배우는 즐거움

_ 2021년 7월 26일 (월) / 공로연수 26일째

하루 교육을 마치고 열차에서 나눈 카톡 문자

멘토 : 배고프시겠어요~

나 : 배움으로 채워가니~ 배고픔쯤이야 ^^

카톡 답장을 보내고서 스스로 놀랐다.

내 생각이 지금의 교육을 배움이라고 표현하고 배고픔을 이겨나갈 수 있는 것으로 생각하고 있다는 인식의 변화에 놀랐다.

공로연수!

전직 지원 컨설턴트 교육!

나에게 주어진 가장 큰 변화의 키워드이다.

나는 지금 이 두 가지 키워드를 융합해 지금까지 시도해보지 못한 새로운 길을 찾아 나서고 있지만, 시간이 쌓이고 생각이 많아지면서 마음에 갈등이 일고 있다.

하지만 공로연수가 시작되면서 내게 가장 큰 위안은,

맡겨진 역할이 사라지고 갈 곳이나 시간을 보낼 곳이 마땅치 않아 몹시 무기력해질 수 있는 나에게, 평소와 같이 출근하는 기분으로 집을 나서 시간을 보낼 곳이 있다는 것이다.

내가 선택한 교육과정이 반환점을 돌면서 나에게 주어진 변화는 내가 현재 맞이한 상황들이 어떻게 준비해서 길을 찾는지에 따라 제2의 인생, 제3의 인생이 달라질 수 있다는 확신이다.

지금 나는 과거의 나를 딛고 일어서지 않으면 삶의 보람을 만들어나갈 수 없다는 것이다. 그리고 지나온 시간을 부끄럽고 부족하다는 생각을 버리고 그 속에서 좋은 것들을 찾아내는 것이다. 아울러 그것을 앞으로 살아갈 날에 잘 융합시켜 새로운 가치를 만들어나가는 준비과정이다.

오늘은 나를 너무 아껴주셨던 장모님 기일이다.

순천역에 도착해 바쁜 걸음으로 처가에 도착하니 제사는 물론 저녁 식사까지 마무리되었다. 참석했던 가족 모두 집으로 돌아가고 아내가 뒷정리하고 있다.

조금 섭섭한 마음이 들었지만 내색하지 않고 장모님의 사진을 보면서,

'장모님 사위가 공직생활 마무리를 준비하고 있어요. 그동안 잘 보살펴주신 덕분입니다.'라는 마음의 절을 올렸다.

새로 만든 명함

_ 2021년 7월 27일 (화) / 공로연수 27일째

행정사 / 전직 지원 덕산 이재근 010 **** 0000 Email
환하게 웃는 사진 배경에 / '행복! 긍정과 감사, 사랑으로' 문구를 담은 산뜻한 명함.

공로연수 발령을 받고 현직에서 사용하던 남아있는 명함을 모두 버리고 나왔다. 얼마 전 지인들과 정을 나누는 자리에서 명함 이야기를 하다가 특별히 준비한 게 없으니 지금은 필요 없다고 거절했었다. 이름과 전화번호, 좋아하는 글귀를 담아 제작하면 된다는 권유로 새롭게 디자인해 인쇄한 산뜻해진 새 명함을 받았다.

점심을 함께 먹으면서 '직장인에게 명함은 자존심이라며, 자기를 소개하고 기억하게 하는 수단'으로써 명함이 지닌 가치와 중요성에 관하여 이야기했다. 한 달여 공로연수 기간 중 내가 받았던 명함이 있었는지 떠올려보며 나의 현 상황을 더욱 잘 인

식할 수 있었다.

이제 새로운 명함이 생겼다. 명함에 담긴 한 줄 한 줄이 어떤 의미를 지녔는지, 어떻게 행동하고 무엇을 준비해 나가야 하는지를 알고 있기에 조금 더 긴장된 마음이다. 인사를 나누고 명함을 건네는 것은 나의 선택이며 받은 사람이 명함에 소개한 나를 받아들이고 평가하고 응대하는 명함이 가진 의미는 무척 상징적이다.

지난 41년간 공무원 생활 중 다양한 부서에서 맡겨진 업무에 따라 나를 소개하는 수단으로 사용했던 명함. 지금 나에게 주어진 새 명함은 모든 면에 있어서 많은 변화가 담겨있다. 쉽게 생각해서도 안 되는 것이라는 생각에 한 장 한 장 건넬 때마다 명함에 새겨진 글자의 의미와 약속의 무게는 절대 가볍지 않다.

가정공헌형 일거리 '아내의 출퇴근 운전기사' 역할을 위해 조금 빠르게 이동해 차 한 잔의 여유를 즐긴다. 낙안읍성을 찾은 관광객 몇 사람이 나무 그늘에 둘러앉아 이야기 나누며 환하게 웃는 모습과 함께 내리쬐는 뜨거운 햇빛에 출렁이는 푸르름 가득한 들판을 바라본다.

오늘 하루 고생한 아내를 위해 달콤하고 시원한 망고 스무디

한 잔과 새로 만든 명함을 건네며 '새 명함의 첫 주인'이라 말하자, '당신이 하고 싶은 일 꼭 이루게 해줄 것 같다.'라는 덕담으로 용기를 북돋아 주는 아내가 참 고맙다.

즐겨라

_ 2021년 7월 28일 (수) / 공로연수 28일째

흔히 우리는 '피할 수 없다면 즐겨라.'라는 말을 한다. 지금 나의 모습과 상황에 정말 잘 어울리는 말인 듯하다. 처음 서울을 오갈 때 긴장감 때문인지 차를 타고 이동하는 동안 생각이 아주 많았다. 언제부터인지 점차 마음에 여유가 생기면서 상황을 즐기는 나를 발견하고 놀랐다.

이어폰을 꽂고 음악을 들으며, 창밖의 풍경을 보며 생각들을 떨쳐 내기도 하고, 가끔 유튜브에 있는 강의들에 푹 빠져 생각 없이 듣다 보면 시간이 훌쩍 지나갔다.

오후 1시부터 시작되는 다섯 시간의 강의시간. 졸음을 쫓아내며 새로운 환경에서 듣는 강의는 나의 딱딱한 사고의 틀을 말랑말랑하게 해주고 머리를 끄덕이게 한다. 대부분의 강의가 처음 듣는 내용이 아닌 언젠가 듣던 말이고 얼마 전까지 내가 다루었던 일들이지만 바라보는 시각이 달라지니 전혀 다른 느낌으로

다가온다.

오늘은 창업역량과 관련된 강의를 듣는 날이다. 우연히 강사의 고향이 순천이라는 사실을 알고 정말 반갑고 기쁘기도 했다. 휴식시간에는 고향 소식과 함께 많은 이야기를 나누었다.

'지금까지 강의하면서 가장 멀리서 오신 분이 군산이었는데 더 멀리 내 고향 순천에서 오셨다는 말을 듣고 깜짝 놀랐다.'라는 격려와 함께 '무엇보다도 시간과 비용이 상당히 부담이 많을 텐데 대단한 열정'이라며 칭찬을 아끼지 않으신다. 칭찬과 격려의 말에 내가 지금 선택하고 도전한 일에 대해 자신감을 불어넣어 본다.

시간이 거듭되면서, 막연하게만 생각했던 퇴직 후 삶에 대해 보이지 않던 문들의 형태가 보이기 시작하면서, 이제는 즐겨보자는 마음이 자리를 잡는 듯하다. 내일의 모습은 누구도 알 수 없는 것, 하지만 준비하고 그려나가면 지금까지 걸어왔던 길 위에 선한 영향력을 줄 수 있는 일들을 만들어나갈 수 있을 것 같다.

지금의 상황들을 즐기고자 하는 마음가짐이 자리하면서 달리는 기차 안에서 바라보는 풍경이 정겹게 느껴졌지만 피곤함을 이기지 못한 눈꺼풀이 무겁다.

도서관에 공부하러

_ 2021년 7월 29일 (목) / 공로연수 29일째

"오늘 어디 가요?"

"도서관 가려고요."

"도서관에 뭐 하러요?"

"8월 자격증 시험 있는데, 공부하러요"

"나이 들어 공부한다고 도서관을 다 가네, 보기 좋네요."

아침을 먹으며 걱정스러운 마음으로 오늘 할 일을 살피는 아내의 목소리가 밝아진다. 공로연수와 함께 많은 것이 바뀐 일상에서 '나 오늘 할 일이 있어'라는 자신감 넘치는 표정으로 말하고 있는 내 모습에 어깨가 으쓱해진다.

지금 나의 도전과 준비가 어떤 결과로 나타날지 모르지만, 분명한 것은 지금 내가 무언가를 하고 있고 그 일이 점점 나에게 새로운 가능성과 일거리를 만들어 갈 수 있다는 믿음으로 자리잡아가고 있다는 것이다.

새로운 목표가 생기면서 생활에 활기가 넘치는 것과 함께 하루하루가 즐거움으로 가득하다. 모르는 사람을 만나고, 그동안 문서에서 말로 들었던 용어들을 현장감 있는 일로 바라보면서 나를 돌아보는 계기가 되는 시간…… 그 속에서 내가 지닌 장점들을 찾아 점과 점을 연결하는 생각의 변화에서 많은 가능성을 찾아보는 시간이다.

도서관 열람실에 앉아 책을 보면서 무언가에 열중해있는 사람들과 함께 있는 나를 발견한다.

뜨거운 여름날 한낮의 무더위를 이겨내는 가장 현명한 방법의 하나로 시원한 에어컨 바람을 맞으며 책을 볼 수 있는 도서관이 최고라는 말을 들었지만 직접 체험해보니 너무 좋다. 도서관 열람실을 둘러보니 방학을 맞은 학생들 사이에 나이 지긋한 어르신들께서 자리를 잡고 앉아 책 읽는 모습을 바라보며 어른된 삶의 의미를 들여다본다.

오늘 하루는 도서관에 앉아 열심히 책을 보는 사람들 속에서 나를 찾는다. 그러나 한 페이지 보고 나서 책장을 넘기면 머릿속에 남아있는 게 별로 없다. 문제를 보며 헷갈리는 순간마다 세월을 탓해보지만 어쩔 수 없다는 것을 알기에 벼락치기 공부의 절반은 운에 맡기는 심정으로 책장을 넘긴다.

지금 나의 목표는 다섯 과목 모두 100점이 아닌, 생소한 용어와 머릿속에 정리되지 않은 학설들을 벼락치기 공부로 정복하고, 그동안 업무과정에서 습득한 어설픈 지식을 총동원하여 1차 시험 통과 점수인 전 과목 60점 이상인 만큼 인정사정 볼 것 없는 속도전이다.

이렇게 준비해서 통과한 몇 번의 성공이 이번에도 찾아줄 것이라 믿으며 책 속에서 헤맸다.

공직생활 마지막 휴가

_ 2021년 7월 30일 (금) / 공로연수 30일째

"이번 휴가가 마지막 휴가인가요?"

"공로연수 기간이지만 나에게 주는 마무리 여름휴가네요"

"기분 어때요? 많이 섭섭할 것 같은데"

"공무원 신분으로 당신과 함께 보내는 휴가라 행복하네요."

큰아들 부부, 작은아들과 함께 가족 모임을 겸한 휴가를 보내기 위해 서울로 이동하며 아내와 나눈 대화이다. 공로연수 기간 중 아내의 휴가에 맞추어 함께한 시간이지만, 생각해보면 공무원 신분으로 마지막 하계휴가라는 의미를 부여해 본다.

공무원으로 재직하는 동안 매년 여름휴가를 이용해 가족과 함께 보냈던 시간들… 직장생활 초기에는 주변 눈치 등을 살피며 휴가를 가야 했기에 많은 제약이 있었다. 시간이 지나면서 근무 여건들이 개선되고 결혼 후 가족과 함께 휴가를 보낼 수 있는 기회를 주면서 많은 추억을 만들 수 있었다.

90년대 중반쯤 차량을 소유하게 되면서 가족과 함께 떠났던 동해안을 거쳐 돌아오는 여름휴가는 지금도 우리 가족 모두에게 많은 추억과 이야기를 만들어 준다.

토요일 오전 근무를 마치고 퇴근해 4박 6일 일정의 여름휴가 준비를 마무리하고, 늦은 저녁에 출발하여 밤새워 운전해 새벽녘에 도착한 강원도 최북단 화진포해수욕장.

비교적 여유가 있는 공간에 텐트를 치고 즐기는 가족 캠핑이다. 동해안을 따라 내려오다 발길 머무는 해수욕장에서 하룻밤씩 묵는 일정을 3년 정도 계속했던 추억을 떠올리면 지금도 가슴이 설렌다.

지금은 장거리 운행을 할 때면 아내와 교대로 운전하기에 부담이 덜 하지만, 그때를 생각해보면 밤새워 혼자 운전을 어떻게 했는지 새삼 놀랍기도 하지만 젊음과 가족에 대한 책임감이 모든 것을 가능하게 했던 시절이다.

작은아들 집에 도착한 아내가 정성스럽게 준비해온 밑반찬을 정리하며 저녁을 준비하는 동안 집 안 구석구석을 청소하는 일은 내 몫이다. 부모 품을 떠나 생활한 지 10년이 넘어 살림 솜씨가 제법 있는 아들이지만, 바쁘게 살아야 하는 탓에 냉장고며

욕실 등 이곳저곳 손길이 필요한 곳이 많다. 피곤함을 잊고 열심히 손을 움직이는 아내의 모습을 바라보며 가족의 소중함을 생각해본다.

공직생활 41년, 다큐 3일! 행복

_ 2021년 7월 31일 (토) / 공로연수 31일째

아침부터 아내의 손길이 분주하다.

오늘은 큰아들 부부, 작은아들과 저녁을 먹기로 했다. 생각해보니 올해 들어 처음으로 온 가족이 자리를 함께하는 시간이다. 지난해 큰아들이 결혼하고 호주에 있던 아들이 귀국하면서 몇 번의 가족 모임이 있었지만, 그동안 바쁘게 살면서 함께할 수 있는 시간이 많지 않았다.

사랑하는 가족과 함께할 수 있는 자리가 일 년에 몇 번이나 될까 생각해보면, 점점 줄어드는 현실에 오늘 가족 모임의 의미를 생각해본다. 41년의 직장생활을 마무리하는 공로연수 기간 중 아빠의 마지막 여름휴가라는 의미를 새겨 함께 자리하면서 그동안 있었던 추억들을 이야기해 본다.

'공직생활 41년, 다큐 3일! 행복' 현직을 마치면서 만든 앨범

제목이다.

수시로 변하는 코로나 19 사회적 거리 두기 등 여러 가지 제약 속에서 퇴직을 앞두고 함께했던 직원들과 석별의 정을 나누는 모습, 많은 변화를 보게 되어 고민 끝에 현직을 마무리하는 3일간의 근무 모습을 담은 추억앨범을 손수 만들기로 하고, 평소 친분이 있는 사진작가와 함께 마무리한 사진첩을 보면서 많은 이야기를 나누었다.

'아빠의 공직생활 41년 동안 아들들이 생각하는 가장 자랑스러운 모습이 무엇이냐'는 물음에, 고등학교 때 아빠가 업무로 경찰서에서 조사를 받은 것을 알았는데, 그때를 아직도 잊지 못한다며 '그 업자로부터 돈 한 푼도 밥 한 그릇도 술 한 잔도 함께 하지 않았다. 조사해보라.'라는 당당한 말을 듣고 그때는 안심이 되었지만, 지금 사회생활을 하면서는 공무원 41년을 하면서 '아빠는 깨끗하나.'라는 말이 얼마나 중요한 것인지 알게 되었다는 말을 듣고 깜짝 놀랐다.

행복을 담은 다큐 3일에 담긴 아빠의 모습을 보면서 나누었던 많은 대화.

자연스럽게 두 아들의 학창 시절 숨겨진 이야기들.
'이제는 말할 수 있다' 주제에서는 그동안 몰랐던 모습들.

'큰아들 대학 1학년 말 학사경고 성적표', '작은아들 가수의 꿈에 대한 매몰찬 아빠의 모습' 등 잊고 지냈던 아픔과 기억들을 어루만지는 시간이었다.

훈훈한 대화의 마무리는 우리 가족에게 찾아온 정말 반가운 소식인 큰아들 부부의 '뿜뿜이' 임신 소식. 아빠의 공로연수와 명예로운 정년퇴직에 함께하게 됨을 긍정과 감사, 사랑으로 맞이하는 시간. 따뜻한 이야기를 나누는 무더운 여름밤 가족 모임에 행복이 찾아드는 고마운 순간이다.

따뜻한 커피 한 잔

_ 2021년 8월 1일 (일) / 공로연수 32일째

소고기 2kg, 소주 6병, 막걸리 1병.

어제저녁 가족 모임에서 우리 가족의 화기애애한 대화를 끌어낸 일등공신 먹거리다. 두 아들의 주량이 나를 닮지 않은 것을 다행스럽게 생각하지만, 조금 걱정스럽다는 말로 술 욕심 버리라고 했지만 '엄마 아빠와 함께 마시면 술이 술술 들어간다.' 라는데 할 말을 잃었다.

작은아들은 아침 일찍 출근하고 큰아들 부부와 함께 조금 늦은 아침을 먹었다.

함께 앉은자리에서 차와 과일을 먹으며, 퇴직하는 아빠의 마음 등을 이야기하면서, 자연스럽게 박사과정을 마무리하는 아들 취직, 우리 가족에게 큰 기쁨을 안겨준 아들 부부 임신 소식과 더불어 며느리 건강 등을 살피는 정겨운 대화를 나누었다.

작년에 결혼한 아들. 며느리는 아들이 대학에 입학한 1학년

때 캠퍼스 커플로 사귀기 시작해 많은 우여곡절을 거쳐 13년간의 연애 끝에 코로나 19 바이러스 확산 초기인 2020년 2월 22일 오후 2시에 결혼식을 올리고 예약해둔 남미로 신혼여행도 다녀온 매우 운 좋은 커플이다.

박사과정 공부를 하고 있어 직장에 취업하면 결혼시키자는 아내의 말에 둘이 사귄 지 10년이 넘었고 둘만 좋다면 내가 퇴직하기 전에 결혼시키자는 나의 바람에 아들이 동의하면서 결혼을 하게 되었고 결혼생활 2년 만에 임신 소식을 듣게 되어 아내와 나는 정말 기뻤다.

오랜만의 만남이기에 조금 더 함께하고 싶었지만, 내일 출근해야 하는 며느리를 생각해 분위기 있는 찻집에서 차 한잔하자며 집을 나서 근처 카페로 자리를 옮겼다. 작은아들이 카페 창업을 계획하면서 우리 가족은 유난히 카페에 관심이 많다. 오늘 찾은 카페도 작은 동네에 있지만, 창고형으로 창업하여 넓은 공간에 많은 사람이 찾을 만큼 독특한 분위기와 커피 맛이 좋은 곳이었다.

알뜰한 아내와 며느리의 성품 탓에 각자 다른 맛의 커피와 음료, 적당히 달콤한 빵을 곁들여 나누어 맛보았다. 즐거운 대화의 시간을 갖는 동안 나의 관심은 온통 카페 분위기와 장식에 쏠려 있었다. 이를 본 아들이 뼈있는 한마디를 던진다.

"카페 창업을 아빠가 해야겠는데요"

"아빠가 하면 잘할 것 같냐?"

"아빠는 카페 청결 책임지기로 했잖아요."

아내와 아들의 답이 동시에 들렸다.

분위기 탓인지 시간이 참 빠르게 흐르며 긍정과 감사로 시작한 대화의 끝에 행복이 주렁주렁 영글어간다.

도전하는 것! 새로운 시작과 출발

_ 2021년 8월 2일 (월) / 공로연수 33일째

멘토 : 0일로 정했고 그날 둘이 같이 내려가려고요
멘티 : 그날은 내가 광주 가서 없어

멘토 : 어~ 광주는 왜요?
멘티 : 응~ 그날 직업상담사시험 봐

멘토 : 진짜요?!! 대박! 이렇게 빨리?
멘티 : 응~ 그냥 접수했어. 무조건 해보는 거지

멘토 : 맞아요~ 심각하게 생각하면 아무것도 못 해요.
다들 장고하다 끝나, 지금은 막 해보는 게 맞아요.

오라버니는 이번엔 공부를 많이 못 해서 떨어질 거야. 등의 부정적인 말은 하지 않았다. 나는 이런 긍정적인 사람이 좋고 시작이 반이다. 열린 마인드 긍정, 실행력 짱 오라버니시다~^^

2021. 7. 31. 멘토 페이스북 게시물

가족 모임을 위해 서울로 이동, 고속도로 휴게소에서 통화내용을 페이스북에 올려놓고 칭찬을 아끼지 않는 공로연수 멘토의 게시글을 보며 생각했다. 그래, 이렇게 여과 없이 느낌 그대로 써 올리면 되는데, 나는 왜 페이스북 등에 글 올리는 것을 어려워할까? 한 번 글 쓰는 게 어렵지, 시작하면 될듯한데, 어렵다. 글을 잘 써야, 남에게 느낌을 주어야, 우습게 보이지 않아야 등등 생각이 너무 많고 격을 갖추려다 보니 나와 관련 있는 듯한 게시물에도 댓글을 달아본 기억이 별로 없다.

그 중심에 무엇이 있을까? 오늘 있었던 교육에서도 자꾸 움츠러드는 마음이 들어 조금은 의기소침한 상태로 교육을 마무리하면서 나를 돌아보았다. 나에게 지금 남아있는 것이 무얼까? 내려놓고 버린다고 했는데, 왜 자꾸 의식하면서 자존감을 나타내려 할까? 여전히 이 모든 것이 쉽지 않다.

아들 퇴근길에 함께 만나 집으로 돌아오는 길.

"아빠 오늘 피곤해 보이는데 무슨 일 있어요? 교육이 힘드세요?"

"오늘 평소 하지 않던 생각을 좀 많이 했더니 머리가 조금 아프네……."

"엄마가 옻닭 준비했다는데 드시고 힘내세요. 이제 좀 쉬면서 하세요."라는 아들이 참 대견하다.

샤워기 밑에서 물을 맞는다

_ 2021년 8월 3일 (화) / 공로연수 34일째

몇 해 전 가족여행 중 맛있게 먹었던 추억의 맛을 찾아 떠난 맛집 여행길. 아들이 운전하는 뒷자리에 앉아 머릿속을 떠나지 않는 어제의 일을 카톡으로 보냈다.

멘토님 좋은 아침^^

가족여행 제천 가는 길~

어제 강의를 마무리하지 못하고 자리를 피하는 느낌으로 돌아와 고민 중…

교육이 거듭되면서 첫 마음과 다르게 욕심인지 부족함인지 한계를 느끼는 듯, 교육이 실습으로 들어가면서 가끔 맡는 조장 등 역할에서 이건 아닌데 하는 마음~ 공무원 출신인데 이 정도밖에 안 되나. 하는 의식, 어제도 실습 조장을 맡아 진행하면서 부족함을 느끼고 마무리 못 하고 자리를 피하는 모습을 돌아보며 드는 자괴감.

어떻게든 끝을 보긴 할 건데, 아직은 벗어나기 힘든 옛 모습 생각하니 자꾸 주변을 의식하게 되네~ 오늘 & 내일 가족여행 휴가를 통해 마음을 비우며 활력과 자신감 UP, UP.

어제 실습 지켜본 강사님 생각과 반응이 궁금~

읽어줘서 고맙고~ 멘토님 생각 만나서 들을 수 있다면 큰 도움 될 듯…

오늘도 고운 하루^^

여행 중~ 욕심쟁이 멘티 드림

'아~ 어떤 느낌인지 알 것 같아요. 시간이 필요한 것들이 있더라고요'

'샤워기를 틀어놓고 그 밑에서 물을 맞는다.' 하는 생각으로 가볍게 교육 수료에 의의를 두세요.

멘토의 답글에 한결 가벼워진 마음이다.

조금 답답했던 마음을 추스르고 나서 바라본 차창 밖 풍경들이 이제는 마음에 들어오기 시작하면서 여행 기분이 든다.

두 시간여를 달려 도착한 제천의 한 막국수 집 앞! 우리가 도착한 막국숫집이 아들이 말한 처음 먹었던 곳이 아닌 두 번째로 왔던 집이라는 말에 다시 찾아간 맛집에서 옛 추억을 떠올리며 맛있는 막국수를 먹었다. 그리고 의림지를 걷고 난 후 찾은 카페에서 아내와 아들에게 주고받았던 카톡을 보여주며 '요즘 아빠의 고민이다.'라는 말에,

'우리한테 하는 것 보면 아직도 멀었어요. 아빠는 지금도 시청 국장.'

'가족은 이해할 수 있는데 이제는 잊고 맘 편히 사세요.'

'40년 넘게 지고 살아온 짐 무겁지도 않으세요.'라는 아내와 아들의 말이었다.

그런데 참 쉽지는 않다.

커피 한 잔에 2만 원, 필요하다면 먹어 봐야

_ 2021년 8월 4일 (수) / 공로연수 35일째

작은아들과 지난해 여름 찾았던 남양주 북한강 변 닭갈비 맛집을 찾아가는 길

오늘은 닭갈비에 동동주를 꼭 맛봐야 한다는 아들의 성화에 운전은 나의 몫이다. 오픈 시간에 맞추어 조금 일찍 출발한 덕분에 팔당댐의 시원한 풍경을 만끽하며 차를 몰았다. 북한강을 찾은 휴가 차량이 조금 많아지더니 남양주 다리를 건너는 교량 진입로에서 짜증스러운 정체가 시작되었다. 가다 서다가를 반복하더니 30여 분만에 다리를 건넜다.

어제 제천을 다녀오며 도로 정체 상황에서 운전하는 아들에게 인생이란 기다림과 고통을 이겨내야 좋은 날이 온다고 했다. 오늘 도로 정체 상황에서 짜증을 부리다 아내와 아들의 비난을 들으며 시원스럽게 뚫린 도로를 달려 식당에 도착했다.

이동하는 도중에 스마트폰 맛집 웹을 통해 예약상황이 여유

가 있다며 도착한 닭갈비 집이 평소와는 다르게 주차장도 여유가 있어 조금은 이상했다. 차에서 내려 식당을 찾아간 아내와 아들이 허탈한 모습으로 다가오더니 '내일까지 하계휴가'라고 말하면서 미리 휴무 공지를 했으면 좋았을 텐데…… 너무 무책임하다는 말을 남기며 떠나온 자리에 잠깐이지만 십여 대의 차량이 우리와 같은 생각과 모습으로 발길을 돌렸다.

두 시간여를 이동하여 찾아온 맛집의 무책임함을 이야기하며 인근에 평소 아들이 맛보고 싶었다는 수제 커피 전문 카페에 들러 커피 향과 맛이 각각 다른 커피를 맛보며 이야기를 나누었다.

오늘 커피는 아들이 사겠다며 계산을 하는데 우리가 마신 커피가 한 잔에 대략 2만 원이다.

'커피 한 잔에 2만 원.' 하면서 아들에게 물으니 '평소 맛보고 싶었던 커피인데 오늘 세 가지 맛을 볼 수 있어 아깝지 않다.'라는 말을 들으며 자기가 좋아하고 먹고 싶은 것을 먹는데 돈을 아끼지 않는 젊은 세대의 소비 가치관을 엿볼 수 있었다.

아쉬운 발걸음으로 돌아오는 길. 아들은 오늘 마셔본 커피에 대한 맛과 향에 대해 열심히 설명하며 자기도 그런 커피전문점을 해보고 싶다는 말과 지금 하는 일에 관한 생각과 창업에 대해 제법 야무진 생각을 하며 많은 고민과 경험에 마음으로 응원해 본다.

창업이라는 쉽지 않은 길, 그중에서도 잠시 눈을 돌려 주변을 둘러보면 쉽게 찾을 수 있는 커피전문점. 창업으로 길을 찾고자 하는 아들에게 내가 해줄 수 있는 것은 꿈을 펼칠 수 있도록 지켜봐 주는 것이 성공을 위한 밑거름이라는 생각을 아내와 함께 나누어 본다.

생각과 마음을 비우며 가벼워진다는 것

_ 2021년 8월 5일 (목) / 공로연수 36일째

41년 공무원 생활을 마무리하는 여름휴가를 끝내고 순천으로 돌아오는 길. 지난 일주일을 되돌아본다. 분명 시간과 의미가 같은 휴가임에도 이번 휴가는 무척 홀가분하고 가볍다. 무얼까? 이 느낌 무엇이지? 나에게서 무언가 무심히 비워진 듯한데 허전하지 않다. 운전하고 내려오는 동안 아내와 나눈 이야기 중심이다.

서서히 찾아드는 생각. 휴가를 마치고 내가 다시 일하러 가야 할 곳, 해야 할 일이 없다는 홀가분함과 함께 긴장감이 사라졌다는 생각에 이른다. 생각해보면 매번 휴가 때마다 추억과 감동이 마음 한구석에 자리하면서 삶에 대한 새로운 활력을 얻을 수 있었다.

그런데 공무원 신분으로 보낸 마지막 여름휴가는 직장과 일에 대한 불안감 대신 지나온 시간과 내가 지닌 것에 관한 생각과 마음을 비우는 시간이 함께하면서 매우 가벼워지고 꽉 채워진 느낌이다.

함께 자리해 맛있는 음식을 먹으며 나눈 대화 속에 항상 자리했던 것은 나의 공직생활에 관해 아내와 아들 그리고 며느리의 격려와 감사함이 가득했기에 아주 뜻깊은 시간이었고 보람된 자리였다.

가족과 함께한 일주일간의 여름휴가
'그동안 고생 많으셨습니다'
'이제는 많은 것 내려놓고 즐기세요'
'건강을 위해 하고 싶은 일 하세요'라는 공로연수 축하와 격려의 말들을 생각하며 순천에 도착했다.

상황적으로는 사회적 거리 두기가 강화된 수도권에 일주일간 다녀온 탓에 가장 먼저 보건소 선별진료소를 찾아 코로나 19 유전자검사를 한 후 집에 도착해 여장을 풀었다. 검사결과가 나올 때까지 외부접촉을 하지 않는 것이 모두를 위한 것이기에 무더운 여름날 시원한 샤워기 물줄기를 맞으며 더위를 쫓아 본다.

2021년 여름은 어느 해보다 무더운 여름이다.

공로연수 한 달… 서서히 걷히는 안개처럼

_ 2021년 8월 6일 (금) / 공로연수 37일째

업무추진 소통창구인 단톡방 '나가기' 버튼을 누른 지 한 달. 안부를 살피는 카톡이나 문자를 찾아보기 힘들다.

7월 말까지 미루어두었던 모임들을 마무리한 후 일주일. 동창들과 만남 자리 후 비어있는 나의 일정표. 내가 있어야만, 될 것 같은 많은 일들. 자리에 있지 않아도 물어보는 사람 없이도 잘 돌아간다.

이처럼 아무 일 없는 듯 자연스럽게 흘러가는 것이 직장 내 인간관계이고 정상적인 사회조직이다. 내가 생각하고 있는 것들이 욕심이라는 것과 시간이 가르쳐 준 모든 것이 신기하고 놀랍기도 하다.

나 자신의 변화 또한 놀랍다. 재직 중에 받은 재난문자에 대한 반응과 지금은 사뭇 다른 반응이다. 왠지 긴장감을 느끼지 못하는 일상적인 정보제공 메시지로 받아들이고 행동한다. 많은 비가 내려 동천 산책로가 물에 잠겨도 무더운 날씨를 전하는 무더위 경보에도 내가 할 몫은 나를 살피는 것이다.

오늘도 고속버스에 몸을 싣고 내가 계획했던 일을 하기 위해 서울로 향한다. 무엇과도 바꿀 수 없는 소중한 시간과 나에게 주어진 기회를 보람 있는 삶으로 만들기 위해 시간과 돈을 투자해 힘든 여정을 이어나간다.

며칠 전 동생과 통화에서 바쁘게 살아가는 형에 대한 걱정의 목소리를 들었다.

"형님! 요즘 어떻게 지내세요. 잘 쉬고 계시죠?"

"요즘 서울 다니면서 교육도 받고 자격증 시험도 준비하고 있다."

"무리하지 마시고 이제 쉬면서 골프나 배우세요."

"지금까지 해보지 못했던 공부도 하고 목표가 생겨서 좋아"

"하여튼 건강이 최고니까 욕심 버리고 건강 잘 챙기세요."라는 말에 따뜻한 형제애를 느꼈다.

이제 시간이 거듭될수록 나의 길을 가야 하며 그 속에서 보람과 행복을 찾아야 한다. 지금 나의 모습을 되돌아보면 아직은 버리지 못한 욕심들이 많다. 지금 찾아가고 있는 보람 있는 일 또한 노력이 있어야 할 수 있기에 조금은 여유를 갖자는 마음을 다잡아 본다.

오늘 컨디션 좋은데요

_ 2021년 8월 7일 (토) / 공로연수 38일째

매주 토요일 새벽 직장동료들과 함께하는 축구동우회 활동.

지난주 가족 모임 휴가로 참석하지 못한 아쉬움을 떨쳐 내고자 조금 서둘러 집을 나선 시각이 5시 40분. 새벽 6시쯤 축구장에 도착하니 준비 운동을 하는 회원들이 보인다. 반갑게 인사하며 살펴보니 상대편은 벌써 10여 명이 나왔고 우리 팀은 5명이다. 이 시간에 운동장에 나온 회원들은 건강의 소중함을 가장 잘 알고 있는 50대가 대부분이다.

시간이 지나며 우리 팀도 11명이 참석해 시작한 경기. 생각해보면 아무리 새벽이지만 한여름 날씨에 운동장을 달리며 운동하는 게 쉽지는 않다. 시간이 흐르면서 뜨거운 여름 햇살에 땀을 흘리며 가쁜 숨을 몰아쉬는 모습을 보면 미친 짓이란 생각이 들기도 한다.

오늘은 왠지 몸놀림도 가볍고 볼 터치도 의외로 잘되는 느낌이다. 그러다 보니 공간을 차지하고 있는 동료 선수가 눈에 보이면서 공간 패스가 연결된다. 골로 연결되지는 않았지만, 결정적인 기회를 만들어 주는 짜릿함도 맛보았다.

게임을 마치고 나오니 동료들의 관전평이 들렸다.
"축구 배우러 서울 다니세요?"
"무엇을 드시길래, 그렇게 잘 뛰세요?"
"오늘 몸놀림이 가볍고 패스가 아주 잘 되네요."

운동하다 보면 좋은 기운을 받을 때가 있다. 오늘처럼 운동장에서 좋은 플레이가 나올 때 으쓱해진다. 특히 한여름 운동을 한 후 땀을 식히는 물 한 모금은 달고 시원하다. 한겨울 추운 날씨에 운동하다 보면 얼굴을 스치는 차가운 공기 또한 너무 상쾌하다. 건강을 위해 시작한 운동이 이런 짜릿한 흥분을 안겨주는 맛에 축구가 즐겁다.

무더운 날씨와 체력에 맞추어 운동을 마무리하고 시원한 물로 샤워를 하면서 느끼는 상쾌함은 느껴보지 않으면 모른다. 나이에 맞게 욕심을 버리고 건강을 위해 즐겁게 하는 운동은 보약 한 첩이다.

운동을 함께한 동료와의 아침 식사. 건강한 먹거리와 좋은 사람들이 함께한 자리, 그리고 거리감 없이 나누는 대화들… 그중에서도 칭찬으로 이어지는 말들은 지난 한 주의 피로를 날려버리고 새롭게 시작하는 한 주를 잘살아 내기에 충분한 에너지가 된다.

늦공부에 엉덩이가 들썩들썩

_ 2021년 8월 8일 (일) / 공로연수 39일째

직업상담사 필기시험이 일주일 남았다.

후배의 배려로 마련된 공간에서 시험공부를 하고 있다. 구름 낀 날씨지만 한여름 무더위가 기승을 부리는 탓인지 길거리는 한산하다. 무더위를 피해 계곡이나 바다 등을 찾은 사람들도 있지만, 집에 머무르며 더위를 피하고 있는 대부분 사람은 시원한 소나기라도 한 번 내려주었으면 하는 바람이다.

시원한 에어컨 바람을 맞으며 독립된 공간에 앉아 공부하고 있는 지금 나의 모습이 낯설지만, 무더위를 이겨내기에는 딱 좋은 선택이라는 생각이 든다. 비록 시험을 일주일 앞둔 벼락치기 공부라 할지라도, 또 여유를 갖고 즐겨도 되는 시기이기에 조금은 욕심쟁이처럼 보일지는 몰라도 도전하고 준비하는 시간이 주는 만족감이 아주 크다.

하지만 한 시간여를 의자에 앉아 집중해서 공부하기가 만만치 않다. 몇 시간의 회의와 업무협의 등을 위해 의자에 앉아있는 시간과 사뭇 다르다.

화장실을 다녀오는 등 휴식시간을 보내고 한참 동안 공부에 집중하다 보면 엉덩이가 들썩거려 시계를 보면 겨우 삼사십 분 정도 지난 시간이다. 한 시간 이상을 의자에 앉아 집중하기도 어렵지만 조금 전 공부하고 넘어간 내용이 머릿속에 남아있질 않아 허탈하기도 하고 자꾸만 자신감이 없어진다.

한번 해보자는 마음으로 도전한 시험이다.

공부를 위해 책을 구매하고 원서를 접수하는 등 40여 일의 시간이 지나면서 무언가를 준비하고 있다는 위로와 나이 육십에 접어든 나를 알게 해주는 계기가 된 것은 분명하다. 지금도 나를 위한 투자와 도전할 기회를 찾아 공부하고 배우고 싶은 마음은 가득하다.

그 성과물이 성공이든 실패든 받아들일 각오가 되어있다. 지금까지 이렇게 희망을 찾아 도전하는 삶을 살아보지 못한 내 인생을 돌아보는 시간이다.

창밖에 갑자기 소낙비 내리는 소리가 들린다. 창문을 열어 내리는 비를 바라본다. 후텁지근한 공기 속으로 시원한 습기 내음이 밀려온다. 일요일 오후의 나만의 공간에서 나를 위한 시간을 보낸다.

오늘 공부하는 과목은 업무와 관련이 있었던 내용이 많아 집중이 잘되는 편이다. 마무리 즈음에 걸려온 아내의 전화 '공부가 재미있는 모양이네요, 몇 시쯤 올 거예요?'라는 말에 창밖을 보니 어느새 어둠이 찾아들고 있다.

'당신 말대로 공부가 재미있어 시간 가는 줄 몰랐네. 마무리하고 갈게요.'

집으로 돌아가는 발걸음이 가볍고 즐겁다.

40년을 담은 이력서

_ 2021년 8월 9일 (월) / 공로연수 40일째

오늘의 교육 주제는 이력서 작성이다. 공직생활 중 이력서를 살펴보며 면접관 역할을 맡아 일한 경험이 있다. 이제 일을 찾아 나를 알리고 필요한 사람임을 잘 나타낸 이력서가 필요한 시점이 되었음을 절감하는 시간이다.

강의를 통해 이력서 작성요령과 나의 장점, 적임자임을 어필하는 방법과 욕심을 버리는 이력서 작성요령을 배웠다. 실습자료로 활용된 이력서에 대한 문제점을 찾아 수정한 후 자기 이력서를 작성해보는 실습에 들어갔다.

지나온 40년을 한 장의 이력서에 담으려고 하니, 머릿속을 스쳐가는 많은 일 중에서 자신 있게 한 줄 썼다.

'순천시청 근무 41년 / 일자리경제국장(지방행정 서기관) 퇴직'

이렇게 쓰고 나니 더 생각이 나지 않는다. 그동안 많은 일을 하면서 성과들도 있었지만 다른 일자리를 찾아서 이력서를 작

성해본 경험이 없기에 당연한 일이다.

지금까지 일자리를 찾아 이곳저곳에 이력서를 제출하고 면접을 통해 자신이 적임사임을 어필하는 사람들의 모습이 떠오르며, 이제 나도 어떤 일을 위해 동등한 조건에서 경쟁하고 나를 알려야 하게 되었음을 실감하고 있다.

교육생 대부분은 원하는 일자리를 찾기 위해, 회사의 직무에 따라 작성한 이력서에 교육경력을 추가하여 지도를 받고 있음을 알고서 지금 나에게 다가온 현 상황을 알 수 있었다.

지금까지 나는 이력서가 아닌 인사기록카드로 신분을 알리고 상대방에 건네는 명함으로 원하는 일을 할 수 있었다.

퇴직 후 찾아오는 변화는, 일의 적임자임을 설명하는 이력서가 곧 내 얼굴이고 자산임을 알게 되었다. 나의 이력서에는 하고 싶은 일을 찾아 적임자로 평가될 경험과 능력이 공직생활 41년에 잘 스며들어 있다고 자부한다.

명함 한 장이면 통하던 시절은 세월과 함께 떠나보내고, 일할 수 있는 능력을 지닌 적임자라는 것을 알릴 수 있어야 한다. 공직생활 41년을 담은 이력서를 고민하는 시간이 퇴직 후 변화된 나를 찾는 계기가 되었음을 기쁘게 생각하는 하루다.

이렇게 만든 이력서가 보람 있는 일거리를 맞이하는 날을 기대해 본다.

2박 3일 홀로서기

_ 2021년 8월 10일 (화) / 공로연수 41일째

'가스레인지는 어떻게 켜는 거예요'
'전자레인지에 밥은 몇 분간 돌려야 해요'
'냉동실에 있는 국은 어떻게 데워서 먹어요'
'국 냄비는 어디에 있어요' 등등

토요일에 있을 자격증 시험 준비를 위해 아들 집에서 2박 3일간 생활하게 되었다. 아들도 친구들과 약속이 있어 집을 비워 혼자 밥도 챙겨 먹고 설거지도 해야 한다. 지금까지는 어디를 가든 아내가 챙겨준 탓에 하나부터 열까지 모든 것이 생소하고 서툴다. 가족 단톡방으로 대화를 주고받다 보니 아들들이 아빠는 그것도 모르냐며 핀잔 가득한 댓글들을 달면서 엄마 편에 선다.

서투른 솜씨로 한 시간 만에 저녁상을 차려 허기진 배를 채우고 설거지를 끝내고 과일 한 조각을 먹으며 곰곰이 생각해본다. 내 손으로 밥 한 번 해본 적 없는 지난날을 되돌아보며 아내와

가족의 도움으로 편하게 살았다는 생각이 들었다.

집안 정리를 마치고 책상에 앉아 책을 펼치니, 버스로 올라와 교육을 받는 등 피곤한 탓인지 눈이 감기며 졸음이 밀려온다. 하지만 시험까지 남은 시간은 5일뿐이다. 여유를 갖고 차분하게 준비할 시간이 부족한 상황, 벼락치기 공부로 1차 필기시험은 통과해야 하는 절박한 순간이다. 확실한 목표의식을 갖기 위해 가족과 지인들에게 직업상담사 시험을 준비하고 있다고 알린 상황이다.

하지만 책을 들여다보면 볼수록 절망이다. 무려 다섯 과목을 준비해야 하는데 생소한 용어에 학설들은 왜 이리 많은지 대략 난감이다. 절대 포기할 수 없기에 요점 위주로 전체를 살펴보고, 문제 풀이 중심으로 목표한 진도를 끝내고 나니 자정이 넘었다.

늦은 시간이지만 큰아들이 열공하는 아빠를 위해 보내온 치킨과 맥주로 피로를 풀면서 '세상에 쉬운 일은 없다'라는 말을 떠올리며 오늘을 되돌아본다. 그래도 사랑하는 가족과 내가 정해둔 삶의 목표와 방향이 있기에 이 모든 것 또한 보람되고 행복한 것 아닐까 생각한다.

밤이 깊었다. 절기상 입추가 지나면서 제법 선선해진 탓인지 창밖 귀뚜라미 소리가 정겹게 들려온다.

서서히 다가오는 가능성

_ 2021년 8월 11일 (수) / 공로연수 42일째

'이 선생님! 이번 시험 꼭 합격하세요'

'교육 수료하시면 무슨 일을 해보고 싶으세요?'

'지역의 장점을 살려서 경험을 쌓을 수 있도록 하세요'

'이 분야 창업이나 교육하려면 관련 업체와 연결 지어야 기회를 잡을 수 있어요'

교육 시작 전, 전직 지원 컨설턴트 강사님과의 면담에서 나누었던 대화다. 교육과정이 반환점을 돌면서 교육기관에서는 교육생 개별 면담을 통해 직업 상담과 임원 면접 일정 등을 공지하면서 교육과정 후반부는 일자리를 찾는 방향으로 흘러가고 있다. 교육을 주관하는 기관에서도 현 교육과정을 이수하는 수료생에게 본인 희망에 따라 일자리를 제공할 수 있다는 제안이다.

멘토의 권유로 교육 수강을 결정할 때는, '퇴직 후 무엇을 할 수 있을까'라는 막연한 기대감으로 시작했지만 '이번 교육 선택하길 참 잘했네'라는 확신이 생긴다. 정년퇴직 전까지는 공무원

신분으로 취업에 제약이 따르는 상황이다. 다른 교육생들에 비해 조금 여유 있는 처지에서 보면, 차분하게 상황을 지켜보며 준비할 기회다.

성급한 판단인지 모르겠지만, '퇴직 후 보람 있는 일을 할 수도 있겠다.'라는 가능성이 보이면서 행복한 고민이 시작되었다. 퇴직을 준비하는 첫 마음가짐으로 돈 욕심부리지 말고 일하며 보람을 찾자는 다짐을 조심스럽게 들여다봤다.

이제 시작이다. 아니 아직 시작이라고 말하기는 성급하다. 모든 준비가 마무리되었으니 시작만 하면 잘 될 것이라는 자만심보다 전문가를 만나 신중한 자세로 새로운 길에 들어서야 어려운 변수들을 이겨낼 수 있다.

지금 기분이 매우 좋다. 준비하지도 않고 도전해 보지도 않고 가만히 앉아 기다리면서 기회가 주어질 거라는 순진한 생각으로는, 내가 생각하는 일거리가 절대 찾아오지 않는다는 것을 알고 있다. '나의 선택이 절대 헛되지 않았구나'라는 믿음으로 다가설 수 있도록 교육을 통해 배우고 경험하면서 나의 것으로 만들어야 할 소중한 시간이다.

그 첫 번째 도전이 이번 주 토요일 직업상담사 1차 필기시험이다. 교재를 구매해 짧은 시간과 독학으로 준비했기에 부족하지만 즐기는 마음으로 마지막까지 최선을 다하자.

한 단원을 끝내고 나면 알쏭달쏭

_ 2021년 8월 12일 (목) / 공로연수 43일째

D-2일

시작했으니 끝을 봐야 할 일이다. 순천 집에 가지 않고 아들 집으로 와서 생활한 지 나흘째. 교육을 받으며 시험을 준비하다 보니 여러 면에서 생각처럼 되지 않는다. 더 큰 문제는 한 단원을 끝내고 문제를 풀고 다음 단원으로 넘어가면 머리에 남는 게 많지 않다.

집중해서 하고 있지만 여러 학자의 학설과 생소한 용어들로 줄기가 잡히지 않는다. 시간이 지나가면서 점점 초조해지고 슬그머니 너무 욕심이 앞섰다는 생각이 고개를 든다. 하지만 실패의 경험도 소중한 의미를 지닌다는 사고의 전환으로 마음을 다잡으며 집중해서 책장을 넘기며 다섯 과목 일차 정독을 끝냈다.

저녁이 되어 퇴근한 아들이 책과 씨름하고 앉아있는 아빠를 보며 한마디 한다.

"와! 우리 아빠 공부하는 모습 참 보기 좋네요. 아들은 공부가 재미없던데"

"아들아! 그래도 칼을 뽑았는데 뭐라도 썰어보고 끝내야지"라는 말에

"그럼요 아빠! 남자라면 그렇게 해야죠." 하면서 주방으로 향했다.

배고픈 아빠를 위해 주방에서 지지고 볶고 하더니 뚝딱 저녁상을 차려놓고 부른다. 큰아들도 작은아들도 서울에서 자취하면서 대학 공부와 사회생활을 해왔기에 어지간한 음식은 손수 해먹을 줄 안다. 제법 맛깔나는 저녁을 준비해 맛있게 먹었다.

"아빠! 설거지는 아들이 할 테니 들어가서 공부하세요."라고 말하며 등을 떠민다.

다시 자리에 앉아 책을 보면서 '오랜만에 느끼는 기분인데 참 좋네'라는 생각이 든다. 간간이 내린 소나기에 밤공기가 제법 선선하게 느껴지지만 오랜 시간 한자리에 앉아있다가 보니 엉덩이도 아프고 땀도 차면서 집중도가 떨어진다.

아들은 피곤했는지 잠이 들어 조용하다. 방안에 혼자 앉아 책을 보며 문득 떠오르는 생각… '공로연수 기간 중 한 가지 이상의 자격증을 취득해야 정년퇴직을 할 수 있다고 한다면 지금처럼 도전하는 마음으로 즐겁게 할 수 없을 텐데 참 다행이네'라

는 위로를 해본다.

시간이 흘러 자정이 가까워진다. 오랜만에 책과 씨름하며 내가 선택한 힘든 과정들이 안겨주는 선물 같은 시간에 감사하며 하루를 보낸다.

동생집에서 하룻밤

_ 2021년 8월 13일 (금) / 공로연수 44일째

교육을 마치고 오늘 향한 곳은 광주 동생 집이다. 시험원서 접수하면서 헤매다 보니 집과 가까운 시험장소를 선택하지 못해 광주에서 시험을 보게 되었다. 짧은 시간이지만 공부 마무리를 위해 동생 집으로 내려가고 있다. 두 시간여의 이동시간 모든 생각을 멈추고 기차의 흔들림에 몸을 맡긴 채 잠을 청해 본다.

머릿속은 온통 정리되지 않은 지식과 용어들로 혼란스러운 상태이다. 광주에 도착해 차에서 내려 함께 이동하는 사람들을 보면서 100만 인구 광주가 큰 도시라는 느낌이 확 다가온다. 바쁘게 움직이는 발걸음들이 코로나에 새로운 풍속도인 열 감지 화상 카메라를 지나기 위해 길게 늘어선 모습들을 보며 성숙한 시민의식에 어깨가 으쓱해졌다.

멀리 대기실 입구에 동생의 모습이 보인다. 지난 월요일부터 5일간 아들 집에서 생활하다 보니 옷과 책을 담은 가방과 어깨

에 멘 가방까지 세 개다. 이 모습을 지켜본 동생이 반가움과 함께 한마디 한다.

"무슨 가방이 세 개나 된다요?"

"아들한테서 5일을 지내다 보니 옷 가방, 책가방이 많아졌다."

"아따 편히 좀 쉬시라니까 무슨 시험을 본다고 이리 긴장하며 사시오"

"그냥 놀면 뭐 하냐, 준비하는 동안 즐겁고 행복해"

가벼운 대화를 나누며 차로 이동하는 동안 가을을 재촉하는 늦여름 비가 내린다.

동생 집에 도착하니 제수씨가 "지금까지 아주버님이 동생 집에 오셔서 주무시는 게 처음"이라 말하며 반갑게 맞아준다. 가족, 형제라는 것이 이렇게 좋은 것으로 생각하며 짐 정리를 마친 후 차를 마시며 그동안 궁금한 것들을 물어본다.

"오랫동안 고생했으니 훌훌 털고 편히 지내시라니까 너무 바쁘게 사시는 것 같다."라는 걱정.

"지금 할 일이 있어서 그리고 해야 할 기한과 목표도 없이 내가 선택한 일이기에 그 어떤 때 보다 참 행복하다."라는 말에,

"형님! 조금 걱정했는데 참 좋아 보여서 다행이다."라는 마음으로 따뜻한 시간을 보냈다.

정겨운 대화를 마무리하고 책을 펼쳤다. 밤늦은 시간까지 요점을 정리하면서 부족하지만, 끝까지 최선을 다해본다.

국가자격증 시험장에서

_ 2021년 8월 14일 (토) / 공로연수 45일째

아침 일찍 일어나 요약집을 중심으로 내용을 정리하다 보니 시간이 꽤 흘렀다. 동생과 함께 아침을 먹는 자리,

"형님! 어젯밤 늦은 시간, 오늘 새벽에 공부하는 모습이 보기 좋네요." 하면서 새로운 시작을 응원해주는 덕담을 들었다.

아직 정리되지 않은 내용을 마무리해보지만, 여전히 많은 것이 부족하나. 짧은 시간 나섯 과목의 방대한 내용을 문제 풀이 중심의 공부는 한계가 있다. 하지만 여기까지 왔는데 지금까지 노력한 만큼 시험장에서 펼쳐보자는 마음이다.

제수씨가 정성껏 차려준 맛있는 점심을 먹고 시험장을 향해 가는 시간! 설렘과 불안감이 가득한 마음으로 도착한 시험장에는 젊은이들 대부분이다.

마음 한편에 찾아드는 생각들…

'몇 년 만에 느껴보는 긴장감인가? 준비하기에 참 잘했구나.'

'젊은이들과 함께 경쟁해보고 이곳에 함께 있다는 것만으로도 충분히 보람이 있네'

'결과야 어떻든 투자한 시간과 돈이 아깝지 않네.' 하면서 주변을 둘러보았다.

이곳에 와보니 시험장 마감이 왜 그렇게 빨리 되었는지 이해가 되었다. 오늘 치르는 국가자격증 필기시험은 많은 자격증 분야에 응시한 사람들이 동시에 보기 때문이다.

긴장된 모습으로 고사장을 찾아 지정된 자리에 앉아, 요약집을 뒤적이며 '집중해서 조금 더 열심히 준비할걸.'이라는 아쉬운 마음이지만 결과는 공부한 만큼이라 믿어본다.

모두 긴장한 모습으로 고사장에 스무 명이 함께 앉아있다. 내가 최고령자인 듯하다. 새로운 도전을 준비해 경쟁하는 자리에 서면 자연스럽게 차지하는 위치이다. 이제는 받아들이고 즐겨야 할 일들로 이 또한 내가 선택한 매우 잘한 일이 분명하다.

답안지와 시험지를 받아들고 수험번호를 마킹하는 순간 몹시 떨리면서 행복하다. 그리고 펼쳐 든 시험문제를 보니 첫 문제부터 쉽지 않다. 그리고 선택의 연속이다. 시간이 거듭될수록 찾아드는 생각들… 이것도 맞은 것 같고, 이것도 정답인 것 같고, 확신은 없지만, 선택은 내 몫이다.

답안지를 제출하고 가방을 들고 고사장을 나서며 드는 생각. '국가자격증 시험! 절대 쉽고 만만한 게 아니네, 다음엔 더 철저히 준비해야지'. 코로나 상황에서도 이렇게 시험을 치르는 대한민국! '참 대단한 나라'라고 외쳐본다.

시험 끝나기를 기다리는 아내를 만나 돌아오는 길.

"국가자격증 시험 참 어렵대"라는 아쉬움 가득한 희망을 품어본다.

동생 부부와 브런치를 먹으며

_ 2021년 8월 15일 (일) / 공로연수 46일째

아내와 함께 광주로 향하는 길.

어제 시험을 끝내고 동생 집을 나서며, 따로 보관해둔 USB 등을 챙기지 못했다. 동생과 약속한 브런치 카페에 조금 늦게 도착하니 주문한 음식이 나와 있었다.

최근 동생과 브런치를 함께 먹는 자리를 자주 갖게 되었다. 서로 바쁘게 살아갈 때는 갖지 못했던 정을 나누는 자리를 마련해 식사를 함께하며 형제의 우애를 다지고 있다.

자리에 앉으니 가장 궁금한 것을 묻는다.

"형님! 어제 본 시험 가채점해봤소?"

"가채점! 해봤지"

"결과는 어떤가요?"

"궁금하면 형이 쓴 책 연말에 사봐"라는 말에 크게 한번 웃으며 시작한 브런치 미팅.

언제 만나든 어떤 음식을 먹든 좋은 사람과 함께하는 자리는 세상 그 무엇과도 바꿀 수 없는 행복이라는 생각이다. 시간의 여유가 생기면서 만나는 자리가 늘어남에 따라 열리는 마음. 그동안 나누지 못했던 세상 사는 이야기를 맛있는 음식을 먹으며 대화를 해보니 많은 것을 이해할 수 있었다.

동생과는 다섯 살 차이. 고등학교를 졸업하고 공무원 생활을 시작한 형과 달리 공고를 졸업하고 고생스러운 현장 밑바닥 생활부터 시작한 동생이다. 지금까지는 이런저런 마음을 살피는 기회가 많지 않았지만, 서로를 위하는 마음만큼은 항상 간직하고 있는 의좋은 형제로 큰 불만 없이 살았다.

하지만 살아온 세월만큼 그동안 말하지 못했던 많은 사연과 감정이 왜 없겠는가? 나는 나대로, 동생은 동생대로… 그리고 30년을 함께 지내온 아내와 제수씨 또한 똑같은 마음이다. 함께하는 자리가 많아지고 이야기 매듭이 하나씩 풀리면서 그동안 마음에 담아두었던 생각들… '이제는 말할 수 있다.'라는 한마디에 자연스러운 대화를 나누게 되었다.

'동생 집에서 하룻밤'을 시작으로 올 추석은 '우리 가족 은퇴 여행'으로 함께 보내지 못하는 아쉬움을 나누었다.

그동안 생각은 있었지만, 쉽사리 꺼내지 못했던 '함께하는 여행'에 대한 계획을 풀어놓자 동생은 깜짝 놀랐다. 저희도 '어젯밤 형님과 함께 여행하면 어떨까'라는 이야기를 했다며…….

올가을 제주도 여행을 함께 가는 것으로 마무리하니 서로 바라보는 눈길이 오늘따라 더욱 정겹다.

귀뚜라미 울음소리와 함께한 아침

_ 2021년 8월 16일 (월) / 공로연수 47일째

새벽 5시

선선한 아침! 귀뚜라미 울음소리에 잠을 깬다. 무더위가 기승을 부리는 지난 십여 일간은 에어컨이 없는 주택에서 지내기가 너무 힘들어 그동안 오지 못했다. 아침과 저녁으로 제법 선선한 바람이 불어와 흙내음 가득한 주택을 찾았다.

어제 오후 오랜만에 찾은 텃밭에서 주렁주렁 매달린 빨간 고추와 탐스럽게 날린 가지를 본 아내의 손길이 바빠진다. 주택 마당 십여 평에 텃밭을 만들어 봄에는 고추, 가지, 상추, 부추를 심고 늦여름에는 배추를 심어 건강 먹거리를 수확해 맛본다.

아침 일찍 일어나 동네 한 바퀴 산책길에서 바라본 하늘은 벌써 가을 느낌이 가득하다. 길에서 만난 어르신과 이야기를 나누다 보니 어느덧 집 앞 공원에 도착했다. 공원 운동기구에는 나이 지긋한 어르신들이 건강을 위해 이리저리 몸을 움직이고 계

시는 모습이다.

산책을 마치고 집에 들어서니 아내가 텃밭 잡초를 제거하며 한마디 한다.
"일찍 일어났으면 오랜만에 텃밭 풀이나 좀 뽑아주지 어디를 다녀와요?"라는 말을 들으니 미안한 마음이다. 늦었지만 함께 땀 흘리며 도와주는 것이 잔소리를 피하는 방법이다.

장갑을 끼고서 텃밭에 잡초와 옥수숫대 등을 뽑아주며 서둘러 일을 마무리했다. 늦은 아침을 먹으며 주말에 있었던 동생과 만남을 이야기하며 차를 마시는 시간, 큰아들이 안부를 묻는 전화를 했다. 첫마디가 "아빠! 시험은 잘 보셨대요?"라고 묻는다.

"국가자격증! 쉽지 않더라. 알쏭달쏭한 문제가 많아 합격자 발표를 봐야 알 것 같다."라고 했다. 가채점 결과 좋은 경험을 얻은 상황은 분명하고 부족한 부분을 차분히 준비할 계획이다.

오후 시간, 전직 컨설턴트 교육 멘토에게 전화가 왔다. 역시 첫마디가 "시험 잘 보셨어요?"라고 묻는다.

"좋은 경험이었고 부족한 부분 다시 준비해서 도전할 계획." 이라는 말에,

"나도 아직 그 자격증은 없어요. 시간 여유를 갖고 차분히 준비해 보세요."라며 웃는다.

최근 고민을 이야기하자, 경험이 필요한 분야이니 절대 조급하게 결정하지 말고, 시간 여유를 갖고 생각해보라는 조언이다.

'세상에 쉬운 일, 그리고 공짜는 없다.'라는 것을 명심하자.

느낌 가득한 하루

_ 2021년 8월 17일 (화) / 공로연수 48일째

아내의 출근길 안전운전을 시작으로……

자동차 수리를 접수하고 멘토 순천사무실 비품 보관 장소 확인. 그리고 시정정책자문단으로 활동 중인 공로연수자 월례 정기모임. 모임 참석한 동기들과 점심을 함께하며 섬 여행 생각 나누기. 정책단사무실에서 전직을 위해 작성한 이력서 출력. 순천만 세계동물영화제를 함께했던 영화감독 박정숙 전남영상위원회 사무국장 취임 축하 인사. 바쁘게 시간 맞춰 아내 퇴근길에 일과를 이야기하며 파머스 마켓 장보기. 시청 동료 승진 축하 저녁 모임을 끝내고 거실에 앉아 공직 마무리 앨범 영상 함께 보기. 일과를 적어보았다.

공로연수 기간 중 가장 바쁘게 보낸 하루다. 계획한 일, 지인과 인사 나누기, 미뤄둔 일을 정리하며 시간을 보냈다. 오늘 하루를 되돌아보는 시간, 알차고 보람 있는 일이 많았다는 생각이다.

오랜만에 만난 전남영상위원회 박정숙 사무국장은 나에게는 좋은 인연이지만 마음의 빚이 있다. 2017년 문화예술 과장 발령을 받아 업무를 살펴보니, 올 한 해 추진할 행사가 문화재 야행을 시작으로 순천만 세계동물영화제, 순천만 국제교향악축제, 팔마문화제, 시민의 날 행사가 있었다. 다섯 개 행사 가운데 최근 가장 힘들었던 행사가 동물영화제와 교향악축제였다.

그동안 영화를 제대로 알지 못하는 공무원이 대행사에 영화제를 맡겨 진행하다 보니, 똑같은 문제가 매년 반복되는 상황이라 진단하고 선택한 결론은 '우리 손으로 직접 해보자'였다. 먼저 순천만 세계동물영화제의 발전방안을 찾기 위해 전문가 자문과 영화제를 함께 추진할 영화감독을 추천받았다.

순천시가 개최하는 동물영화제는 응원하지만 함께하기는 어렵다는 말에 허탈했지만, 섭외 과정에서 '함께 생각해보자.'라는 반응을 보인 순천 출신 영화감독이면서 영화제 추진 경험이 있는 박정숙 감독을 만나 끈질기게 설득하여 수락을 받았다. 우리 손으로 직접 준비한다는 것은, 그동안 생각하지 못했던 수많은 장애물을 넘어야 한다는 것이기도 했다. 어려운 시기에 함께 일하며 대한민국 10대 영화제에 접근할 가능성을 지닌 순천만 세계동물영화제는 우여곡절을 거쳐 지금은 중단되었고 어려움을 함께했던 감독님께는 아직도 마음의 빚이 되어 남아있다.

인연은 참 질긴 것인가? 그 인연이 내가 나고 자란 고향일 때는 손을 놓기 힘든 모양이다. 오늘 축하 인사를 전한 박정숙 영화감독이 고향인 순천의 영화 발전을 위해 전남영상위원회에서 일하게 되어 다행이지만 동물영화제로 시작한 인연을 생각하며 만나는 동안 마음이 무거웠다.

순천 드라마촬영장에 있는 사무실을 찾아 좋은 추억과 앞으로 할 일에 대한 생각을 나누었다. 자리를 마무리하고 나오면서 무심히 흐르는 한여름 뭉게구름을 배경으로 사진 한 컷!

영화감독이어서인지 사진 한 컷을 찍어도 작품처럼 찍는다. 주차장으로 향하며 보내온 사진을 보니 '역시 프로다'

정을 나누며

_ 2021년 8월 18일 (수) / 공로연수 49일째

전직 지원 컨설턴트 강의실에 앉아 서로를 알게 된 지 50여 일. 교육 기간 중 마음의 빚이 많아 미안했는데 차일피일 미루었던 감사의 마음을 전했다. 좋은 사람을 만나 시간을 함께하며 많은 것을 배우고 이야기했다. 내 생각과 살아온 시간을 뒤돌아보게 해준 고마운 사람들이다. 흔한 호두과자에 캔커피지만 그 속에 담긴 것은 정이기에 다들 고마움을 전한다.

사실 나에게는 쉽지 않은 여정임이 분명하고, 하루 13시간 이상을 투자하여 교육을 받는다는 것에 대해, 모두 대단한 열정이라며 공감과 격려를 아끼지 않는 동지들이다. 공무원 정년퇴직을 앞두고 있기에 아직은 모든 면에서 벗어날 수 없다. 말 한마디 행동 하나까지 조심스럽지만, 이것은 나의 자격지심일지도 모른다.

이러한 생각은 교육시간에 나누는 대화에서 자연스럽게 드러

난다. 무심코 하는 말이지만 40년의 공무원 생활에서 체득된 생각과 말이 변화의 울타리를 넘지 못한 채 아직 그 틀 안에 머무르고 있는 상황을 깨닫게 해준다. 이런 생각이 들 때마다 교육동기들의 솔직한 표현이 마음에 와닿는다. 같은 시간 속 같은 시대를 살고 있지만 모두 같은 생각으로 일을 바라보지는 않는다.

오늘 강의에서 이러한 나의 마음을 읽어낸 듯한 배움이 마음을 가다듬게 한다.

여러분은 '자존심'과 '자존감'의 차이를 설명할 수 있나요. 항시 듣고 쓰는 말이지만 구분해서 생각해보지 않은 질문에 순간 당황했다. 이어지는 설명에 고개가 끄덕여진다.

'자존심'은 남과의 비교에서 생겨나는 자기를 낮추는 행동이고, '자존감'은 자신의 존재감을 키우는 조금은 높은 단계의 행동이라고 설명한다.

'자존심'과 '자존감'은 어감은 비슷한데 뜻을 살펴보면 '차원이 다른 격' 임을 알게 되었다. 지금까지 내가 지닌 자존심이 남과의 비교에서 생겨난 것은 분명하다. 이러한 생각과 행동이 나의 삶에 어떤 모습으로 나타났고 어떤 결과를 안겨주었는지 알고 있다.

대체공휴일이 더해진 3일 연휴를 보내고, 중요한 일정이 있어

결강으로 생활 리듬이 달라진 탓인지 지루하고 힘든 하루다. 공로연수 기간 신체적 정신적 균형감을 잃지 않도록 시간과 사고의 틀을 긴장감으로 가다듬어야겠다.

늦은 시간 도착한 집! 아내가 담근 잘 익은 시원한 물김치에 국수를 말아먹으며 하루의 피로를 푼다.

이력서를 마무리하며

_ 2021년 8월 19일 (목) / 공로연수 50일째

교육과정 숙제인 이력서 작성 마무리가 쉽지 않다. 쓰고 싶은 내용은 머릿속을 헤매는데, 막상 쓰려고 하니 이걸 써야 하나 계속 고민 중이다. 이력서 초안을 완성하겠다는 마음으로 책상에 앉아 정리를 시작했다. 오늘 마무리해야 하는 또 다른 이유는 내일 강사님의 소개로 약속이 있다. 소개하고 인사를 나누는 시간이지만 사실상 면접을 보는 자리와 다름이 없다.

며칠 전부터 작업해오긴 했지만, 마무리가 어렵다. 60년을 살아오면서 40년간 일했던 삶의 기록을 단 몇 장의 종이에 쓴다는 것. 써 내려가는 한 줄 한 줄에 담긴 시간을 함축해 보지만 고민 또 고민이다. 하지만 고민의 시작과 끝에는 잘 써야 한다는 욕심이 잔뜩 들어있다. 전직을 위한 첫 이력서는 솔직하고 담백하게 있는 그대로 채우자는 마음으로 한 줄 한 줄 정리하니 깔끔해진다.

이력서 작성을 시작하면서 틀이 고정된 서식이 마음에 들지 않는다. 내 실력으로는 해결이 어려워 한글 워드 전문가인 처제의 도움을 받기로 했다.

"와! 우리 형부 벌써 이력서도 준비하시고 놀랍네요."라는 인사로 격려와 응원을 보낸다. 처제의 손길을 거치면서 그렇게 말썽을 부리던 서식이 의도한 대로 움직이기 시작한다. '모르는 길은 물어서 가고 알지 못하는 것은 전문가의 도움을 받아 해결하는 것이 지름길'이라는 것을 확인하는 순간이다. 솔직하고 담백하게 그리고 용도에 맞게 작성한 이력서가 경쟁력을 갖춘 이력서라고 했다. 아직은 만족할 수준은 아니지만, 그동안 살아온 삶을 기록한 것이다.

내가 하고자 하는 일거리의 적임자임을 소개하는 것이니만큼 겸손을 담아낸다.

욕심을 버리는 것을 배워가는 과정이다.

초안을 마무리하고 친구들과 약속한 식당에 도착했다. 한 달에 두 번 만나 점심을 함께하는 동창 모임인 '이백회'로, 풀어쓰면 순천시청 순천고 '이십구회 백수들의 모임'이다. 젊은 시절 직장에서 만나 30여 년을 함께하였기에 대화의 주제는 만나면 반복되는 퇴직 후 살아가는 이야기이다. 나이도 학교도 직장도 같다는 찐한 공통점에 누구보다 서로의 모습을 인정해주는 삶의 공감지수가 높은 풍성한 이야기를 안주 삼아 건강과 보람을 나눈다.

오늘 점심 메뉴는 우리에게 친숙하고 순천의 자랑인 '웃장 국밥'이다. 국밥에 앞서 나오는 수육 한 접시에 막걸리 한 잔이 딱 좋은데, 점심 후 약속이 있다며 생략하는 분위기다. 뜨끈한 국물에 밥을 넣어 만든 국밥으로 입맛을 달래며 맛있게 한 그릇씩 비우고 마무리했다.

소박한 만남의 자리, 오랜 친구들이 함께하기에 오늘이 행복하다.

3부

50여 일 만에 입은 양복

_ 2021년 8월 20일 (금) / 공로연수 51일째

"오랜만에 양복 입은 모습 보니 어때요?"라고 묻는 나를 보며 "당신은 양복을 입어야 뽀대가 나요." 말하며 미소 짓는 아내의 배웅을 받으며

평소보다 빨리 집을 나서 기차역으로 향했다.

오늘은 강사님의 소개로 전직 업계 대표와 미팅을 하기로 한 날이다. 처음 인사하는 자리이기에 설레는 마음보다는 왠지 면접을 보는 기분이나. 이동하는 동안 시산을 보니 바쁘게 움식여야 할 상황이라 발걸음을 재촉했다.

용산역에 도착해 서둘러 전철역으로 향했다. 전철에 올라 빈자리를 찾아 앉는다. 환승을 위해 바쁘게 이동하면서 갑자기 드는 생각 '두 달 만에 서울 사람 다되었네.' 자연스럽게 지하철을 타고 내리며 이동하는 모습에서 활기가 느껴졌다.

만나기로 한 선릉역 10번 출구를 나와 강사님을 찾으니 보이지 않는다.

“나 여기 있어요.” 다가오는 강사님은 동네 뒷산에 오르는 편한 복장으로 나를 맞이해 주신다. 오늘 미팅을 위해 머리도 손질하고 오랜만에 양복을 입은 나의 긴장된 모습과 대조적이다. 이런 마음을 아시는 듯 “인사하는 자리이니 편안하게 만나 보세요.” 하면서 긴장을 풀어준다.

오늘 자리를 마련해준 고마움을 전하며,
“처음 인사하는 자리라 간단한 이력서와 명함을 준비했다.”라는 말에
“잘 준비하셨네요. 이제는 필요한 때가 되었다.”는 격려를 받으며 대표실에 도착했다.

명함을 주고받으며 인사를 나눈 후 자리에 앉아 준비한 이력서를 꺼냈다. 인생 60년, 공직생활 41년을 담은 이력서를 건네며, 어색했지만 긴장감을 주는 분위기가 좋았다.

“명함이 깔끔하고 보기 좋네요.”라며 첫 경험, 첫 만남을 부드럽게 풀어주시는 강사님이 고마웠다. 이어서 강사님이 준비한 제안에 관한 이야기를 나누었다.

대표의 이미지는 선한 인상이지만, 날카로운 눈매와 논점에 대한 통찰력 그리고 깊은 내공이 느껴진다. 전직 분야 최고의 전문가로 일하다 새롭게 회사를 창업하여 단기간에 업계의 중

심에 세웠다는 평가를 받는 대표를 보며 짧은 시간이지만 많은 것을 보고 느낄 소중한 기회였다.

점심을 먹으면서 부족함이 많지만, 전직 지원에 대한 배움의 소감을 함께 나누었다. 공직생활에서 얻은 경험을 접목하여 보람 있는 일을 해보고 싶다고 말하자, "교육이 끝나기 전에 다시 한번 만나 뵙자."라는 인사를 나누고 자리를 마무리했다.

오늘 자리를 마련해주신 강사님과 차를 마시며 전직 지원 분야의 전문가에게 앞으로 10년에 대한 밑그림과 조언을 들으며 고마움과 감사함을 전했다.

공로연수 기간! 준비하고 공부하니, 기회가 주어지고, 서서히 나아갈 문이 보이기 시작한다.

선배의 역할

_ 2021년 8월 21일 (토) / 공로연수 52일째

쏟아지는 빗소리에 눈을 떠 시계를 보니 새벽 3시다. 지난주 자격증 시험 때문에 운동하지 못해 아쉬웠는데, 새벽부터 늦은 장맛비가 내린다. 오늘 운동을 못 하면 다음 주까지 기다려야 한다는 생각에 잠을 이루지 못했다.

새벽 5시를 지나면서 비가 내리고 그치기를 반복하더니, 소강상태를 보여 기쁜 마음으로 운동복을 입고 운동장으로 향했다. 반가운 얼굴들이 보였지만 오락가락하는 빗줄기에 참석자가 적어 당장 운동을 할 수 없다. 시간이 지난 후 경기할 상황이 되자 운동이 시작되었다.

오랜만에 하는 운동이지만 오늘 아침 발끝에 느껴지는 감이 좋다. 이렇게 볼 트래핑이 잘되는 날에는 패스를 주고받을 공간과 사람이 눈에 들어와 실수가 적다. 운동장을 뛰면서 흐르는 땀은 간간이 내리는 빗줄기와 함께 흘러내렸다.

첫 게임에서 열심히 공간을 찾아 뛰어다니다 보니 오랜만에

골 맛도 보았다. 그것도 두 골이나 넣었다. 이렇게 기분 좋은 날 아침 밥값은 내 몫이다.

어찌 보면 나이 60에 신체 접촉이 많은 축구를 한다는 게 체력적 한계와 부상 위험이 많아 주변에서 이제 다른 운동을 하라며 걱정이 많다. 하지만 나는 운동량이 많고 한 팀으로 움직임을 가져가는 축구가 너무 좋다. 또한, 운동장에서 젊은 친구들과 팀 워크를 이루어 공을 주고받으며 뛰는 게 정말 매력적이었다.

운동을 마무리하고 찾은 단골 식당의 아침 메뉴는 구수한 된장국에다 닭볶음이었다.

힘든 운동을 한 탓도 있지만, 함께 운동한 동료들과 먹는 토요일 아침 식사는 정말 꿀맛이다. 특히 오늘은 오랜만에 골 맛을, 그것도 두 골이나 넣은 기분까지 반찬 삼아 먹는 밥이라 맛이 끝내준다. 기분 좋게 밥값을 치르고 '아침 맛있게 먹었습니다'라는 인사를 들으며, 식당 앞 공원에서 마시는 달달한 커피는 몸에 쌓인 피로를 날려준다.

직장동료들과 축구동호회 활동을 함께한 세월이 꽤 오래되었다. 직장 동호회 활동은 단순한 모임을 넘어 운동하는 선후배들과의 소통의 장이 되어 직장생활에 있어 좋은 점이 많다. 세월이 지나가면서 연륜과 직위를 갖게 되면서 나름의 역할을 주기 마련이다. 나이 지긋한 직장 선배이자 상사로서 신규 직원들에게 더러는 부모 같기에 행동도 처세도 지혜로워야 한다. 지금까지의 경험으로는 가끔 봉투 한 번, 밥 한 그릇 살 줄 아는 선배는 운동장에서 대접도 다르다.

아침 운동을 마무리하고 돌아오는 길, 빗줄기는 굵어졌지만, 마음은 편안하다.

텃밭에 삽질 천 번

_ 2021년 8월 22일 (일) / 공로연수 53일째

세차게 내리던 비가 새벽에 그치고 늦여름 햇살이 비추는 아침이다. 지난 주말부터 시작된 아내의 부탁이 오늘은 압박으로 다가온다. 주택 앞마당 텃밭에 심어진 고추와 가지를 수확하고 가을배추를 심어야 한단다. 간단히 말하면 고추나무와 가지 나무를 뽑아내고 거름을 넣고 텃밭을 파 엎어주라는 것이다.

이 모든 것이 오늘 오후에 마무리해 주길 바라는 눈으로 말하는 명령이다. 나가오는 태풍으로 내일부터 비가 내린다는 일기예보와 주말에는 문중 묘 추석 벌초 약속이 있기에 햇살이 보이는 아침부터 아내의 협박성 부탁이 이어진다.

어차피 할 일 기분 좋게 하자는 마음으로 텃밭에 뿌려줄 퇴비를 가져오기 위해 매형에게 전화하고 아내와 함께 출발했다. 미안한 마음에 누님이 좋아하는 순천의 여름철 대표 먹거리인 기정떡 한 판을 사 들고 갔다. 기정떡을 받아들고 밝게 미소 짓는

누님과 시원한 차를 마시며 이야기를 나누고 퇴비를 싣고 돌아왔다.

시간은 벌써 오후 4시. 서둘러도 마무리 짓기엔 턱없이 부족한 시간이다. 주택가 텃밭이기에 퇴비를 뿌리면 가축분뇨 냄새로 이웃에게 피해를 줄 수 있어 텃밭을 파서 바로 뒤집어 놓아야 한다. 아내와 역할을 분담해 고춧대와 가지 대를 뽑아 정리한 후 퇴비를 뿌리고 삽질을 시작했다.

십여 평의 작은 텃밭이지만 퇴비 냄새가 나지 않도록 땅을 뒤집어야 하는 삽질이 몹시 힘들었다. 삽질 횟수가 천 번 정도는 되는 듯 땀을 뻘뻘 흘리며 마무리했다.

깨끗이 정리된 텃밭을 보니 몸은 천근만근 무겁지만, 기분이 좋다. 올해로 텃밭에 다섯 번째, 김장배추를 심어 수확한 친환경 무농약 배추로 김장을 한다. 텃밭 가꾸는 재미와 배추의 맛을 알기에, 김장배추 모종을 심어 가꿀 생각에 아내의 표정이 밝다. 텃밭 일을 마무리하고 아파트로 돌아오는 길에 아내가 칭찬처럼 한마디 한다.

"농사 한번 안 지어본 사람치고는 제법 삽질을 잘한다."라는 말에

“공무원 생활 40년 하면 초보 현장일꾼 흉내는 낸다.”라고 말하며 웃었다.

공무원에 첫발을 내디딘 1980년 초, 새마을운동과 식량 증산 등 현장을 누비며 어설픈 삽질과 낫질을 배웠다. 86아시안게임과 88서울올림픽 때는 길거리 담장 등을 정비하기 위해 페인트칠 등 온갖 일을 직접 했던 기억이 생생하다. 가끔 신규 직원들과 함께한 자리에서 공직에 입문하여 80년대 행정 경험인 ‘라때’를 이야기하면 정말 그랬냐는 반응과 함께 꼰대 취급을 받지만 생각해보면 그때가 참 좋았다.

보람된 하루를 마무리하는 시간, 피곤함 때문인지 자꾸 눈이 감긴다.

태풍이 불어도

_ 2021년 8월 23일 (월) / 공로연수 54일째

오늘도 배움에 길을 나섰다. 태풍 소식과 함께 내리는 늦여름 비. 아내의 출근길에 맞춰 버스터미널에 도착해 버스에 올랐다. 내리는 비를 헤치고 달리는 버스 유리창에 흘러내리는 빗물이, 사라지고 또 만들어진다. 어제의 피곤함 때문인지 차에 오르자마자 자꾸 눈이 감긴다.

공로연수 54일째, 스무 번째 서울행이다. 차를 타고 이동하는 동안은 많은 것을 생각하게 해주는 시간이다. 오늘 하루는 차를 타고 가는 동안 나에게 생각 멈춤의 휴식을 주기로 했다. 어제 무리한 밭일 때문인지 피곤하기도 했지만, 비 오는 날 볼 수 있는 풍경을 즐기기 위해서다.

기차와 버스를 타고 이동하는 동안 보았던 차창 밖 풍경은 마치 시간의 흐름처럼 다양하게 그리고 아름다운 모습으로 나의 눈을 즐겁게 해주었고 많은 생각을 정리할 시간을 주었다.

우연히 얻은 기회이지만 운명처럼 느껴지는 시간이다. 깊이 고민하고 이리저리 계산해보고 실행한 일은 아니지만, 답답하고 무료한 시간에 긴장감을 느끼게 해주고 나를 돌아보는 계기가 되어 감사한 마음이다.

정년퇴직 60세. 퇴직한 선배들의 삶을 살펴보면 가장 우선시되는 것이 건강이다. 건강을 살피기 위한 운동과 취미생활로 퇴직 후 삶을 살아가는 모습이 대부분이다. 아직은 일을 할 수 있음에도 불구하고 일자리나 일거리 찾는 어려움을 겪다 보면 생각에 머물고 만다.

나 또한 흘러가는 시간 속에서 무언가 할 수 있을 것이라는 마음으로 공로연수를 준비했다.

주어진 시간이 배움으로 연결되면서 변화가 느껴진다. 가장 큰 변화는 일하면서 건강을 시키사는 것이고 일을 하려면 준비가 필요하다는 것이다. 나는 지금 그 준비를 하고 있으며 새로운 기회들이 만들어지고 있다.

오늘 교육의 실습과제는 '자신의 전직 전략 계획서' 작성이다. 구직 희망 사항 우선순위를 정하고 마케팅 포인트를 도출하여 관련 기업과 인맥, 정보입수 및 지원기관 등을 찾아 전직 실행을 위한 구체적 실행과제를 작성하는 것이다. 자신의 강점과 약점을 찾고 이를 활용한 기회와 위험요인을 찾아서 방향을 설정하는 것이다.

곰곰이 생각해보니 강점보다는 약점이 더 많고 기회보다는 위험요인이 더 많이 적혀있다.

"너무 솔직하게 그리고 자신을 너무 과소평가하고 계신 것 같다."라는 강사의 조언이다.

"지방에서 이렇게 오신 것 자체가 선생님 최대의 강점이자 기회 요인."이라는 교육 동기들,

"선생님은 지방에서 일하세요. 우리를 경쟁상대로 만들지 마시고요"라는 말까지 덧붙인다.

전직 지원! 지방의 블루오션을 찾아 일을 만드는 것, 지금부터 내가 풀어야 할 과제이다.

도전하는 삶! 노관규 시장을 만난 날

_ 2021년 8월 24일 (화) / 공로연수 55일째

늦여름 찾아온 가을장마에 밤새 꽤 많은 비가 내렸다. 공로연수 공무원 업무지원을 맡은 직원과 미팅을 위해 정책단사무실로 출근하는 날이다. 오는 9월 신규 임용자 직무교육에 '선배공무원과 대화시간' 강의를 맡아줄 강사 추천 요청이 있어 몇몇 분께 취지를 설명하고 수락을 받아 마무리해 주었다. 첫날 강의를 해달라는 요청에 "오늘 수락한 과장님이 못하게 되면 내가 하겠다."라는 답변을 했지만 개운치 않다.

친구와 점심을 위해 식당으로 이동하는 동안 폭우가 쏟아진다. 코로나 상황으로 오랜만에 자리를 함께한 친구와 퇴직하면 무슨 일을 할까, 지금 받는 교육은 무엇인지를 이야기하며 '자격증이 일을 만들어 준다.'라는 생각을 했다. 퇴직한 직장인들이 학창 시절이나 직장생활을 하면서 취득한 자격증과 기술, 다양한 경험으로 현장을 누비며 건강한 모습으로 활기차게 살아가는 모습이 요즘은 부럽다.

오후에는 노관규 전 순천시장님을 찾아 인사드렸다. 지금의 모습으로 공직생활을 마무리할 수 있는 계기를 만들어 주신 분이다. 시장 비서실에 발령받아 3년을 일하는 동안 '시장은 이렇게 일해야 한다.'라는 사명감과 열정으로 현장을 누비는 업무 스타일이 힘들기도 했지만, 보람이 있었던 시간이다. 지금도 시장실에 걸려있던 시장 십계명이 눈앞에 선명한데 그 첫째가 '청렴하면 탈이 없다.'다.

비서업무를 수행하며 가장 어려웠던 것은 면담 일정 조정으로 특히, 약속 없이 방문한 사업자 면담은 불호령이 떨어졌다. 나는 지금도 순천 발전을 위한 큰 그림과 통 큰 결단으로 '대한민국 생태수도 순천'의 토대를 만든 시장이라 생각한다.

지독하게 일만 생각하는 모습은 유럽 연수를 함께 했을 때 경험했다. 시장 비서로 해외 출장을 수행하는 동안 하루의 시작은 새벽 5시, 숙소 주변을 산책하며 도시를 살펴보는 것으로 시작했다. 연수 일정에 포함된 관계자 미팅과 도시 구석구석 현장을 확인하고 저녁을 먹고 숙소에 도착하면 연수단 전체가 미팅룸에서 일과를 정리하는 토론이 이어진다.

연수 기간 중 독일 등에서 현장방문과 관계자 미팅을 통해 얻은 지혜를 바탕으로 순천 발전의 큰 획인 정원박람회장과 저류

지 그리고 2013 순천만국제정원박람회 준비에 탄력을 받게 되었다. 시장 비서실에 근무하는 동안 해외 출장 수행은 처음이자 마지막이었지만 지금도 기억이 생생하다.

저녁에는 두 번째 도전과제인 요양보호사 자격증 취득을 위한 설명회에 참석했다. 교육을 추천해준 후배와 찾은 학원에는 이십여 명이 등록해 함께 공부한다. 대부분이 직장을 다니는 여성분들로 남자는 4명이다. 설명회를 시작하는 강사의 첫 질문이 인상적이다.

"지금 여러분에게 꼭 필요한 자격증 두 개는 운전면허증과 요양보호사 자격증"이라는 열띤 강의를 듣고 하루를 마친다.

전직 지원 첫 상담

_ 2021년 8월 25일 (수) / 공로연수 56일째

교육과정이 마무리 단계에 접어들면서 교육 주관 기업의 상담과 면접이 시작되었다. 평소보다 일찍 KTX를 타고 서울로 향하며, 마무리하지 못해 마음이 불편했던 신규 임용자 '선배공무원과의 대화' 첫날 강의를 하기로 했다.

조급한 마음에 아침 9시쯤 전화하니 업무 담당 직원이 전화를 받지 않는다.

10분쯤 지나 전화가 왔다.

"모닝커피 하는데 전화해서 미안해"라는 인사에

"어떻게 아셨어요. 핸드폰을 책상에 두고 가서 받지 못했다." 라며 죄송하다는 말에

"놀다 보니 감이 떨어져 출근하자마자 전화했다."라고 용건을 전했다.

쉽지 않은 일을 현장에서 바로 해결해주셔서 고맙다는 인사를 받고 나니 더욱 미안했다.

통화를 마치고 나서부터 온통 머릿속은 '강의를 어떻게 할까' 하는 생각으로 가득하다. '선배공무원과의 대화'로 들려주고 싶은 이야기는 많은데, 젊은 후배들 눈높이에 맞추려고 하니 또 다른 걱정거리가 생겨 마음이 무거워진다. 이런저런 생각과 고민이 수없이 떠올랐다가 사라지길 반복하는 고민이다. 정답은 없지만 진솔하고 재미있게 소통하는 시간으로 진행하자고 마음을 정리했다.

서울에 도착해 바쁘게 움직여 교육장에 들어서니 약속 시각보다 조금 늦었다. 다행스럽게 앞사람의 미팅이 끝나지 않아 잠시 마음의 여유를 찾고 시작된 상담시간.

간단한 자기소개와 교육 동기들을 이야기하고 내가 바라는 퇴직 후 일에 관한 생각을 이야기하다 보니 한 시간이 훌쩍 지나고 두 시간이 되어간다. 상담의 요지는 전직 지원 상담사 기회가 있으면 일할 수 있는지에 대한 격려와 지지이다. 특히, 지방 근무를 할 수 있는지와 본인의 경력을 활용한 프로젝트 제안 관련 상담은 회사 차원의 관심이 있다.

교육받기 전까지 전혀 알지 못했던 분야에 대한 배움으로 일할 수 있는 경험과 기회를 지니게 된다는 가능성이 보이면서 생기는 자신감 또한 긍정적인 부분이다. 퇴직 후 일할 수 있다는 자신감이 생기면서 시작되는 고민은 '일과 돈 그리고 스트레스'

에 대한 내 선택이다.

가족을 비롯한 지인 대부분은 40년 넘게 일하며 고생했으니 스트레스받지 말고 건강 지키며 놀지 무슨 일을 하겠다고 교육이며 자격증이며 바쁘게 생활하느냐는 것이다. 나 또한 공로연수 전까지의 마음가짐이고 정도의 차이는 있지만, 동료와 선배들이 선택하는 길이다. 하지만 전직 지원 교육을 통해 건강을 위한 최고의 선택은 스트레스 관리가 가능한 사회공헌형 일거리를 찾는 것이다. 쉽지 않은 것임을 알기에 고민이 깊어진다.

강남 빌딩숲에서의 하루

_ 2021년 8월 26일(목) / 공로연수 57일째

전직 지원 멘토와 미팅을 위해 아들 출근길에 함께 집을 나섰다. 약속 시각보다 빠르게 선릉에 도착해 테헤란로를 걸으며 주변을 둘러보았다. 사무실 빌딩 숲에 서 있는 모습이 어색함보다는 자연스럽게 사람들과 호흡하고 있다. 평소 이용하는 북카페에 들러 차를 마시며 노트북을 들여다보는 나의 모습을 보며 미소 짓는다. 이제 스마트폰으로 길을 검색하고, 지하철을 타고 내려 환승하고, 길을 걸어 목적지로 향하는 발걸음에 자신감이 생기면서 여기서기 가고 싶은 곳이 눈에 들어온다.

멘토 사무실에서 미팅이 약속되어 시간과 장소를 확인하며 길을 걸었다. 도착하니 입구에서 정겨운 얼굴로 반갑게 맞아준다. 사무실로 안내받아 직원들과 인사를 나누었다. 멘토는 자신이 하는 일을 소개하며 포스코를 비롯한 대기업 임원의 전직 지원 컨설팅 과정에 관해 설명했다. 설명이 끝나자 부럽다고 말했더니, 시스템의 문제라며 공직자에게도 전직 지원 상담이 필요함을 강조한다.

제2의 인생 설계, 생애 설계, 퇴직 후 일자리, 경험을 살린 봉사 등 퇴직자의 바람은 많지만 이를 체계적으로 지원하는 프로그램은 개인의 선택에 맡겨져 있다. 하지만 퇴직 후 일하는 보람을 찾아 고민하고 준비하는 모습을 찾기는 쉽지 않다. 점심을 함께하며 지금까지 진행된 교육과 퇴직 후 삶에 대한 컨설팅이 진행되었다. 지난 두 달간 수강한 전직 지원 컨설턴트 교육, 나의 현재를 알게 되었고 건강과 보람이 공존하는 일거리를 찾아 실현 가능한 선택지를 만들어가고 있다.

어떤 선택을 할 것인지는 나의 몫이며 방법과 시기 또한 아직은 여유롭다.

마음의 여유와 시간이 자유로워지면서 잔뜩 긴장해있던 몸이곳저곳에서 이상 신호를 보낸다. 요즘 오른쪽 어깨에 통증이 심해져 고민 끝에 병원을 찾아 검사와 진찰을 받았다. 중장년층에 찾아오는 오십견 진단을 받고 양한방 처방이 접목된 1회 차 시술을 받았다. 수술하지 않아도 된다는 다행스러운 진단이지만 일곱 번의 통원치료를 위해 서울을 오가는 것이 부담스러워 고민이다.

일과 건강에 관한 끝나지 않는 고민을 안고 집으로 향하는 발걸음이 무겁다. 출근길에 아들이 보내준 지도를 보며 마을버스에 올라 나인 블록 고기동점 카페를 찾았다. 힘들지만 자신이 선택한 일과 씨름하며 내일의 꿈과 희망을 키우는 소중한 일터다. 하루를 정리하고, 이력서를 메일로 보내고, 내일 전직 지원 특강을 준비하는 자료 검색과 궁금한 것들을 정리해 본다.

오늘 하루! 내가 만난 사람들 그리고 복잡한 서울 거리를 걸으며 보았던 사람들… 그 한가운데 있는 나는 행복했는지 잔잔한 마음의 울림이 다가온다.

전직 지원 특강

_ 2021년 8월 27일 (금) / 공로연수 58일째

지난 2개월간 좌충우돌하며 달려온 교육과정 평가를 위한 특강이 있는 날이다. 아들과 함께 집을 나서 '인지어스 평생교육원' 건물에 있는 북카페를 찾았다. 이른 아침인 까닭에 북카페 모든 자리가 나의 선택을 기다리고 있다.

따뜻한 연유라떼를 주문하고 그동안 앉아보고 싶었던 북카페 2층에 자리를 잡았다. 북까페 전체가 조망되는 자리에 앉아 노트북을 열면 나타나는 멋진 배경화면에 시선이 끌리며 기분이 좋다.

탁자 위 진동벨의 떨림과 불빛 조명이 나의 발걸음을 1층으로 향하게 한다. 따뜻한 연유라떼를 쟁반에 담아 2층 자리에 앉아 향긋한 냄새를 맡으며 한 모금 입안을 적시는 순간, 달달하고 은은한 연유 맛에 차 한 잔의 여유와 행복을 맛보는 시간이다.

노트북에 담긴 자료를 살피는 동안 익숙한 얼굴이 옆자리에 앉는다. 자세히 보니 전직 지원 컨설턴트 과정 교육생들에게 지혜

를 가르치는 강사님이다. 반가운 마음에 인사를 전하니 깜짝 놀라며 이른 시간에 북카페의 행복한 만남을 눈빛으로 나누었다.

시간에 맞춰 강의실에 도착해 파트너인 선아 쌤과 함께한 특강에서 전직 지원 컨설턴트 현장업무를 이해하는 계기가 되었다. 어렵고 힘들게 생각했던 부분들도 시간이 지나면서 자신의 노력만큼 생겨나는 노하우와 경험으로 극복할 수 있다며 충실한 교육과정 마무리가 큰 자산임을 강조했다.

기분 좋은 특강을 마무리하고, 교육과정 시작단계에서 첫 실습 파트너가 되었던 특별한 인연에 인근 식당에서 추어탕을 함께 먹으며 직장생활 경험담을 나누었다.

교육을 수강하는 한 사람 한 사람 삶의 우여곡절과 직장생활의 애환이 깃들어 있어 서로를 배려하는 모습과 행동들이 조심스럽고 남다르다. 함께한 시간과 교육과정 실습으로 상대를 이해하고 조심스럽게 드러내는 자신의 모습에서 전직 지원 컨설턴트의 틀을 만들어가고 있다. 사람 살아가는 모습에는 정도의 차이는 있지만 많은 공통점을 지닌듯하다.

오늘도 하나의 주제를 놓고 실습으로 찾아낸 해결방안에는 뚜렷한 정답이 없으며 바라보는 시각에 따라 선한 영향력으로 해결의 실마리가 된다는 강사님 강평이다.

살아온 시간과 41년의 공직생활에서 많은 경험을 했지만, 직업을 통해 각자가 지닌 특성과 삶의 방식이 다양한 만큼 이해와 공감의 폭 또한 무한하다는 것을 배우는 과정이다. 일주일을 마무리하며 돌아오는 기차에서 느끼는 여러 감정과 스치는 사람들이 풍기는 삶의 모습에서, 나는 어떤 모습일까를 생각하며 어둠을 밝히는 조명에 스쳐 지나는 풍경들이 이채롭다.

순천역 도착 시각 밤 9시 27분, 바쁜 발걸음으로 행복한 하루를 마무리한다.

여자들의 수다

_ 2021년 8월 28일 (토) / 공로연수 59일째

욕심으로 가득한 스트레스를 날려 보내고 희망 에너지를 충전하는 아침 운동. 적당한 습기를 머금은 운동장에 도착해 몸을 풀면서 회원들과 인사를 나눴다. 충분한 준비 운동 없이 시작된 첫 게임에서 실수가 반복되면서 분위기가 좋지 않다.

경기장을 나오면서 "운동장에 오면 시작 전 몸을 풀고 운동해야지"라는 짜증이 담긴 말에 순간 분위기가 냉랭하다. 아차, 싶었지만 이미 늦었다. '지만 잘하면 되는데'하는 눈총이 느껴진다.

오늘 운동장에는 직장 사보를 만드는 팀에서 취재 겸 사진 촬영을 나왔다. 즐겁고 활기차게 운동하는 모습과 함께 몸을 풀면서 땀을 흘리는 동작들을 담아내며 주말 운동이 가정과 직장생활에 긍정적인 효과를 줄 것이라는 칭찬이다.

아침 운동을 마무리하고 집으로 돌아오니, 아내 친구 모임에 함께 가면 좋겠다는 제안을 협박 반 부탁 반으로 선택을 강요한다. 오늘 만나는 친구들은 한때 부부동반으로 만나 안부를 살피

며 정을 나누었는데 여러 이유로 함께 자리하지 못한 상황이다. 오랜만의 만남이고 내가 참석하면 또 다른 사람도 자리한다는 말에 함께 가기로 했다.

아내와 찾은 모임 장소는 시골 텃밭농장을 겸한 농막이다. 텃밭에 직접 가꾼 고추와 상추를 손질해 삼겹살 파티가 시작되었다. 주변 분위기와 어울려, 야외에서 구워 먹는 삼겹살은 모두가 좋아하는 메뉴다.

점심을 먹으면서 시작된 여자들의 수다는 시간과 장소가 자유로운 상황이니 거침이 없다. 듣고 있던 두 남자는 자연스럽게 밖으로 나와 그동안의 이야기를 나누며 여자들의 대화가 끝나기를 기다리지만, 덧없이 흘러가는 시간에 희망 고문이 이어진다. 꽤 시간이 흘러 약속이 있다는 한 친구의 말에 금세 자리를 정리하며, 오늘 너무 좋았다며 다음을 약속하는 모습이 부럽고 신기하다.

내일은 문중묘 추석 벌초를 하는 날이다. 벌초를 위해 임대한 예초기를 장갑을 착용하지 않고 차로 옮기다 손톱에 가시가 들어갔는데 시간이 흐르며 쓰리고 아프기 시작한다. 손톱 밑 가시가 주는 고통이 이렇게 신경을 곤두서게 하고 아픈데 지병을 안고 사는 사람들의 아픔과 고통은 정말 상상하기 힘들 것으로 생각하며 건강의 중요성을 새삼 느껴본다.

늦은 저녁에 내리는 빗소리를 들으며 내일은 비가 오지 않기를 바라는 늦여름 밤. 한결 서늘해진 바람결에 들려오는 귀뚜라미 소리에서 가을이 다가옴을 느끼는 밤이다.

텃밭에 배추 100포기 도전

_ 2021년 8월 29일 (일) / 공로연수 60일째

오늘은 문중 묘 벌초하는 날이다. 구례 선산에 있는 문중 조상 묘를 살피고 추석을 준비하는 연례행사다. 집안 장손인 탓에 예초기 등 벌초 준비는 내 몫이지만 간단한 차례상 음식 준비는 아내 몫이라 늘 미안한 마음이다. 항상 서둘러 준비하지만, 시간이 늦어지자 아내의 목소리가 높아진다.

출발하면서 하늘을 보니 구름 가득한 날씨에 비가 내려 벌초하는 동안 비가 그치기를 바라는 마음으로 선산에 도착했다. 다행스럽게 비는 멈추었고 뜨거운 한여름 햇살이 구름에 가려진 탓에 벌초하기에는 좋은 날씨다.

바쁘게 움직여 두 시간 만에 벌초를 마치고 준비한 음식을 함께 먹는 자리다. 코로나 상황을 감안해 식당 점심을 대신해 간단히 준비한 컵라면과 김밥을 먹으며 안부를 살피고 이야기를 나누었다. 뜨거운 여름 햇살은 피했지만, 습기 가득한 더운 날씨

에 땀 흘려 일한 뒤 마시는 시원한 막걸리 한 잔이 모든 것을 날려준다. 문중묘 일에 대한 의견을 나누며 시제 모시는 날짜 등을 정하고 돌아오는 길에 피곤한 모습으로 차에서 잠든 아내의 얼굴을 보니 미안한 마음이 가득하다.

며칠 전부터 텃밭에 배추 모종을 심어야 한다며 걱정하는 목소리를 들었는데, 집으로 돌아오는 길에 모종을 본 아내가 오늘 사서 심자며 차를 세운다. 오늘은 피곤하니 다음 주에 심자는 나의 말은 안중에도 없다. '언제 해도 해야 하는 일, 그래 오늘 하자'하는 마음으로 바라보니 배추 모종 100개를 구입한다.

고작 10여 평의 텃밭에 배추 100포기 그리고 상추와 시금치 씨도 뿌린단다. 농사일을 해보지 않아 이것을 다 심을 수 있는

지 물으니, 자기가 알아서 할 테니 텃밭 흙만 잘 골라주면 된다니, 할 말이 없다.

모종을 싣고 집에 도착하니 잔뜩 흐린 하늘에서 시원한 소나기 한 줄이 쏟아진다. 처마 끝에 흐르는 빗방울을 바라보며 집안 대소사를 살펴야 하는 미안한 마음을 이야기했다. 안 해도 되는 상황이면 모르지만 해야 할 일이면 즐거운 마음으로 해야 조상님께서 복을 주신다는 말에 그저 고맙다는 마음표현을 했다.

비가 그치며 시작된 텃밭 배추심기는 땅이 축축한 탓에 어려움이 많다.

"물기가 많아 당분간 물을 주지 않아도 되겠네."라는 말로 텃밭을 고르는 나를 다독여준다.

습기 가득한 무더운 날씨에 텃밭 흙을 고르는 일도 힘이 들지만 흘러내리는 땀과 모기를 쫓으며 배추 모종을 심는 모습을 바라보니 흐뭇하다.

텃밭에서 자란 친환경 무공해 배추로 김장하는 날 수육보쌈 먹을 생각에 벌써 군침이 돈다.

지금 이 길이 나에게 주는 것

_ 2021년 8월 30일 (월) / 공로연수 61일째

주 3회, 하루에 5시간, 36회, 총 180시간의 교육이 이제 8회 40시간을 남긴 시점이다. 공로연수를 시작하며 변화의 계기를 만들기 위해 선택한 교육이 수료를 앞두고 있다.

오늘도 관외 출장 가는 기분으로 집을 나와 버스를 타고 서울로 향하는 길이다.

지난 주말에는 아침 운동을 시작으로 문중 묘 벌초와 텃밭 배추 모종 심기 등 다소 무리를 했다. 피곤한 탓인지 익숙한 버스의 흔들림에 졸음이 쏟아진다. 이런 때는 아무 생각 없이 의식의 흐름에 맞추어 행동하게 된다.

꿈인 듯 보이는 아름다운 지리산 풍경에 눈길이 머물며 찾아드는 생각들… 지금까지 앞만 보며 달려온 두 달여의 시간이 나에게 무엇을 가져다주었는지?

이런 과정을 거치면서 내가 얻은 것은 무엇인지? 그리고 내가

할 수 있는 일이 있는 것인지? 할 수 있는 일이 있다면 언제까지 할 수 있을까? 하는 생각들이 떠오른다. 수많은 고민과 지금의 도전이 옳은 방향이라는 믿음에는 변함이 없지만, 욕심이 고개를 들면서 선택의 기로에 서 있다.

전직 지원 기업대표와 만남, 교육 중 상담위원과 미팅, 현직 컨설턴트와의 특강 상담이 진행되면서 할 수 있는 일이 보인다. 지금 내가 찾는 것이 어디로 가는 길이든 무슨 일이든 좋아하는 것이면 된다는 마음에서 출발했지만, 이제는 서서히 안개가 걷히며 문들이 보이기 시작한다.

어떤 문을 선택할 것인지, 문턱을 넘을 것인지는 나의 선택이고 이러한 기회를 만들었다는 자만심을 다잡아 본다.

조금 빠르게 이동해 도착한 교육원에서 동기를 만났다. 코로나 상황으로 밥 한번 먹기 어려운데, 특강을 마친 총무 유미 쌤, 은행지점장 출신 규천 쌤과 함께 자리를 갖게 되었다. 밥은 규천 쌤, 커피는 내 몫이라는 말에 유미 쌤이 부담스럽다며 카드를 내미는 모습에서 이 시대를 살아가는 젊은 친구들의 합리적 정서를 느끼며 정담을 나누었다.

이야기 대부분은 교육과정에서 어려웠던 점과 앞으로 진로에 대한 고민이다. 생각과 지향점에 공통점이 있어 비교적 젊은 유미 쌤의 상황에 대한 경험과 생각을 나누며 나의 현재 상황이 행복한 고민이라는 소득을 얻게 되었다. 정년퇴직을 앞두고 지방에서 올라와 전직의 필요성과 그 길을 알게 되었고 조금씩 가능성을 찾아가는 이 순간이 정말 소중하다는 확신이다.

코로나 백신 2차 접종

_ 2021년 8월 31일 (화) / 공로연수 62일째

코로나 백신 2차 접종을 받는 날이다. 1차 접종 후 2개월이 지난 탓에 긴장감은 덜하지만, 백신 부작용에 대한 뉴스를 듣고 조심스러운 마음이다. 병원을 찾아 예진을 마치고, 코로나에 대한 공포심에 비해 너무 쉽게 끝나버린 백신 접종 상황에 허탈한 심정이다.

이제는 코로나 백신 접종 완료자로 모임 등 참석인원 제한에 조금은 자유로운 상황이 되었다. 무엇보다도 수도권을 오가면서 커졌던 불안감이 누그러지고 여유도 생길 것 같아 마음이 한결 가볍다.

백신을 접종받은 병원이 어깨관절 전문병원이라는 정보를 듣고, 지난주 어깨 통증 치료를 위해 서울에서 진단과 1차 치료를 받았으나, 통원치료에 대한 고민 해결을 위해 진료를 접수했다. 정밀한 진단을 위해 방사선 촬영과 초음파검사를 받은 결과는

어깨관절에 발생한 염증으로 주사와 약물치료를 병행하면 된다는 설명을 들었다. 갑자기 찾아온 어깨 통증에 바쁘다는 핑계와 간단한 무료검사와 진단으로 수술 없이 치료할 수 있다는 유튜브 광고를 믿고 몸을 맡긴 값비싼 대가를 경험했다.

병원 검사결과를 기다리는 동안 점심 번팅을 위해 전화를 했으나 통화가 어렵다. 바쁘게 사는 모습에 마음의 격려와 응원을 보내며 전화를 받아준 후배와 점심을 위해 약속 장소로 향했다. 오랜만의 만남에 반가워하는 후배의 사업과 궁금한 지인들의 근황을 이야기하며 자리를 마무리하고 정책단사무실을 찾았다.

다음 주에 약속한 신규공무원과의 대화에 대한 강의자료 작성과 진행에 대해 의논하는 동안 먼저 퇴직한 동료들이 월례회를 위해 사무실을 찾아 반갑게 인사를 나누었다.

6개월의 차이지만 느껴지는 거리감은 오랜 세월인 듯 서먹하다. 적어도 30년이 넘는 세월을 함께했는데 왜 이런 기분일까? 마음속에 존재하는 '우리는 하나'라는 묘한 동질감의 울타리, 그 바깥에 서 있는 현실. 우리 사회에 뿌리치기 힘들게 박혀있는 혈연, 지연, 학연과 함께 조직에서 임용 동기, 승진 동기, 퇴직 동기까지 형태는 다양하지만 넘어서기 쉽지 않은 장애물이 자리하고 있다.

코로나 백신 2차 접종 후 푹 쉬는 게 좋다는 의사 권유에 따라서 오후 시간은 집에서 오랜만의 휴식을 즐겼다. 8월의 마지막 날은 점점 높아지는 구름과 습기 머금은 더위와 함께했다.

늦은 오후에 시청 인사발령 소식이 들려온다. 후임 일자리경제국장으로 발령받은 임용 동기의 공로연수 결정으로 소폭 승진과 전보인사가 이루어졌다. 생각했던 후배들의 승진 인사에 축하를 전하며 그동안의 고생과 아픔, 기쁨을 함께 나누었다.

고달프고 힘든 직장생활은 승진하는 맛에 하는 것… 마음껏 기뻐하시게… 축하해!

불합격 메시지로 시작한 9월

_ 2021년 9월 1일 (수) / 공로연수 63일째

가을이 시작되는 9월의 첫날이다.

아내의 출근길에 바라본 가로수는 이제 노란 옷으로 물들기 시작한다. 화려한 벚꽃으로 피어나 푸른 잎으로 시원한 그늘을 만들어 상쾌함을 더해주었다. 계속되는 빗줄기에 견디기 버거운 듯 나뭇잎은 가벼운 바람에도 떨어져 도로 바닥에 몸을 눕힌다. 낙엽이 지며 논에 심은 벼는 고개를 숙이고 빨갛게 익은 고추는 농부의 손을 기다린다.

이렇게 좋은 계절이 시작되는 9월 첫날을 국가고시 실패 메시지로 시작한다.

가채점 결과, 예상은 하고 있었지만, 혹시나 하는 마음으로 합격자 발표 메뉴를 눌렀다. 수험번호와 함께 '불합격'이라는 문구가 선명하게 보인다. 시험 당일 발표된 정답을 보며 가채점 결과와 한 치의 오차도 없는 점수다.

국가자격증 시험인데 너무 쉽게 생각하고 부족한 준비로 도전한 대가이기에 인정한다. 짧은 준비 기간을 핑계로 받아들이기보다 그 한계를 넘어서지 못한 나를 다독여본다. 솔직히 준비하는 동안 합격선에 가까운 조심스러운 점수에 자신감으로 부딪쳐보았지만, 발표된 점수를 확인하며 많은 아쉬움과 더불어 자신을 돌아보는 계기가 되었다.

이번 시험을 출발점으로 도전하는 자격증 시험이 세 개나 남았다. 불합격이라는 결과는 이번 한 번으로 충분하며 남은 시험은 절박한 심정으로 준비해야겠다. 무언가에 머리를 얻어맞은 듯 아침부터 퍼붓는 굵은 빗줄기를 멍하니 바라보았다. 세상 모든 일이 노력 없이 얻어지는 것이 결코 아니며 절박함과 간절함이 없으면 좋은 결과를 만들 수 없다는 것을 되새기며 오늘의 실패를 잊지 않고 더욱 철저히 준비해야겠다.

정책단 사무실에서 마무리하지 못한 일과 오늘 끝내야 할 일을 챙겨보았다. 작은 일이지만 이것도 나에게는 소중한 시간을 투자해 보람을 찾아야 하는 일로 변했다. 지인과 동료들에게 안부와 함께 몇몇 분의 이야기를 전하며 점심 약속을 잡았다. 갑자기 남쪽 하늘에 천둥 번개가 몰아치며 장대비가 쏟아지는 고약한 날씨다.

오늘 만난 후배는 나에게 많은 도움을 주어 정을 나누었는데 공로연수를 시작하면서 바쁘다는 핑계로 얼굴을 보지 못했다. 근황을 살피며 현재 내가 바쁘게 움직이고 있는 이야기를 듣고 놀라는 눈치다.

"선배님은 일할 때 항상 웃는 모습과 자신감 있는 표정과 말투, 변화에 대응하는 긍정적인 태도를 지니고 있어 무슨 일이든 잘하실 거라며 배우고 싶다."라고 말한다. 듣기에 기분은 좋았지만 내가 지금 그렇게 살아가고 있는지 살펴야 할 말이다.

아내의 퇴근길에 시원하고 달콤한 요거트 망고 스무디 한 잔을 준비했다.

"내 마음을 어떻게 알았어요?" 아내의 행복한 미소를 보며 우울한 기분을 날려 보낸다.

세 번째 도전과제 창업지도사

_ 2021년 9월 2일 (목) / 공로연수 64일째

오늘과 내일 한국창업지도사협회 창업지도사 2급 자격증 취득을 위한 교육이 비대면으로 진행된다. 코로나 상황에서는 많은 사람이 한자리에 모여 대면 교육이 어렵다는 판단에 따라 Zoom을 활용한 비대면 강의가 결정되어 새로운 경험하게 되었다. 코로나 19가 가져다준 변화들이 있지만, 많은 사람이 함께하는 교육과 회의 대부분이 비대면으로 바뀌었고, 이제는 하나의 문화로 자리 잡은 듯하다. 비대면으로 화면을 보면서 교육을 받는 것은 처음이라 긴장되고 설레는 기분이다.

Zoom을 활용한 강의를 듣기 위해 프로그램에 접속하여 공지된 아이디와 패스워드를 입력하니 카메라에 잡힌 모습이 화면에 나오는 것을 바라보며 강의를 기다리고 있다. 교육 주관 업무담당자로부터 접속이 되지 않았다는 카톡을 받고 당황하기 시작했다. 노트북 화면에 내 얼굴은 분명히 나와 있는데 상대방 화면에 나오지 않는 것이다. 노트북과 스마트폰을 통해 접속을 시도하며 당황했는데 강의 시작 1분 전 화면이 뜬다.

안도의 한숨과 함께 오전 9시 첫 강의는 '디자인 씽킹과 디자인 경영'을 주제로 시작되었다. 강의는 생소한 용어들이 가득했고 상식적으로 알고 있던 내용이 체계적으로 설명되었다.

오후 10교시 강의가 진행되는 동안 머릿속은 용량 초과인 듯 복잡해진다. 창업 마케팅과 소셜 마케팅, 기업가 정신, 지식재산권 검색과 보호 방법, 인력관리 관련법, 창업회계 및 창업 세무, 프랜차이즈 창업, 상권과 입지분석, 사회적 경제, 글로벌 창업과 수출, 창업기업 수확 방법이 오늘의 강의주제다.

오늘 강의 중 프랜차이즈 창업의 상권과 입지분석에 대하여는 주변의 성공과 실패 사례를 보았기에 더욱 관심이 많았으며 학문적 접근을 통해 견문을 넓히고 싶다.

퇴근해 집에 들어서는 아내가 강의를 듣는 모습을 보며
"늦공부 하느라 고생이 많네요."
"그래도 참 보기 좋네요."라는 말로 격려해 준다.

창업지도사 첫날 교육이 오전 9시에 시작해 오후 6시에 끝나며 비대면 강좌에 대한 첫 경험, 컴퓨터를 보며 받는 교육이라 가볍게 생각했는데 쉽지 않다.

계속 화면을 주시해야 하는 부담감과 대면 교육 장점인 현장 소통이 없어 집중도에서 차이가 느껴졌지만 좋은 경험이었다.

머릿속은 더욱 복잡해지고 부담감은 커지지만 도전하며 느끼는 성취감으로 극복해본다.

창업 경험이 창업지도사의 핵심 덕목

_ 2021년 9월 3일 (금) / 공로연수 65일째

창업지도사 자격증 취득을 위한 비대면 교육 이틀째.

오늘 강의는 창업과 관련된 자금과 절차, 고객개발에 대한 교육으로, 먼저 창업자금 조달과 투자 실무, 사업모델 실무에 대한 강의가 진행되었다. 이어서 다섯 시간에 걸쳐 창업기회 포착법, 고객 타이밍 분석 실무, 창업절차와 인허가, 상가임대차법과 시설법규, 창업 관련 법규에 관한 실무형 강의가 이어졌다. 마지막 세 시산은 고객개발 실부, 장업단계 위험과 고려사항, 창업보육 실무에 대한 강의로 교육이 마무리되었다.

이틀간 진행된 강의에서 강사 대부분이 강조하는 핵심사항은 창업지도사는 이론적 배경보다는 본인이 직접 창업을 통해 얻은 경험을 갖지 못하면 창업 지도를 할 수 없다는 것이다. 할 수 없다는 의미는 창업지도사로서 창업을 계획하는 고객이나 어려움을 겪고 있는 창업자를 상담하거나 지도하기에는 부족함이 많다는 것이다.

지금 내가 얻고자 하는 것이 무엇일까 고민해본다. 창업지도사 자격증 취득을 업무과정에서 정확히 알지 못하면서 사용했던 용어와 이론들을 이해하고 이를 전직 과정의 또 하나의 디딤돌로 생각했다. 하지만 '전직 지원 컨설턴트'와 '창업지도사' 교육을 통해 느끼는 것은 내 부족함이다.

교육과정에서 배우고 익힌 대부분 내용이 업무과정에서 흔하게 사용했던 행정용어들로 그 배경과 실무에서 활용되는 의미를 이해하면서도 마음이 무겁다.

생각해보면 이러한 도전을 선택하지 않았다면 알지도 못했고 고민도 없었을 것이다. 도전을 통해 알게 되었고 길을 찾아 나서는 출발점을 만들어가는 계기가 되고 있다. 현재의 변화된 모습에서 40년 행정 경험과 접목할 수 있는 일을 찾는 것이 목표인 만큼 남은 기간 도전해 볼 수 있는 과제들을 찾아 꾸준히 노력해야겠다.

아직 버리지 못한 욕심들

_ 2021년 9월 4일 (토) / 공로연수 66일째

새벽 시간 운동복을 입고 운동장으로 향하는 기분이 왠지 좋다. 운동하다 보면 가끔은 심판을 보며 땀도 식히며 부족한 운동량을 채운다. 오늘은 상대편 선수가 판정에 불만을 보여 기분이 좋지 않았는데, 결국은 화를 내고 말았다.

나의 부족함을 드러냈지만 조금 참을 걸 하는 뒤늦은 후회를 해보지만 늦었다.

게임이 끝나고 나에게 미안하다는 인사하러 와서 오해는 풀었지만, 기분이 영 아니다. 개운하지 못한 상황으로 기분이 좋지 않을 때마다 나 자신을 되돌아보지만 부족함이 많다.

이런 기분으로 운동을 하다 보면 꼭 일이 생긴다. 오늘도 플레이 도중 상대편이 찬 공에 얼굴을 정면으로 맞고 말았다. 순간 충격으로 운동장에 쓰러져 누워있으니 동료들이 달려와 물을 뿌려주며 걱정하는 소리를 들으며 '성질부려 벌을 받았네.' 하는 마음으로 한참 후에 일어나 운동장을 나왔다. 축구공을 안면에 맞은 충격으로 윗입술 안쪽이 터져 피가 나긴 했지만 큰 부상은 아니다.

요즘 기분 좋게 운동장에 나와 운동을 하면서 짜증스러운 반응이 늘었다는 생각이 든다. 지난 몇 주를 돌이켜보니 작은 일에 신경질적인 나의 행동에 동료들이 말을 하지는 않지만 불편한 기색이다. 왜 이럴까, 내가 이렇게 성질을 부리면, 그들이 표현하지는 않지만 '우리가 당신 기분 맞추려고 운동하는 것 아닌데'라고 할 수 있는 상황이다. 오늘을 계기로 조금 더 나이에 걸맞게 처신하고 행동해야 한다는 마음을 다잡아 본다.

오후에 장인어른을 만나 안부 인사를 드렸다. 장인어른의 모습이 조금 피곤해 보인다고 말씀드리니 요즘 앞집과 뒷집에서 나는 시끄러운 소리 때문에 잠을 잘 수 없다고 말씀하시며 소리를 한번 들어보라고 하신다. 매일 집에 오는 아내에게 말을 했는데 큰 소리가 아니라며 무시한 모양이다.

자세히 들어보니 환풍기 돌아가는 소리가 골목에서 들려온다. 뒷집을 살펴보니 마당에 환풍구를 설치해 컴퓨터에서 발생하는 열기를 뽑아내는데 종일 가동한다는 것이다. 여건을 살펴보니 주택가 가정집에 수십 대의 컴퓨터를 설치해 일하고 있다. 주인을 만나 환풍기 소음피해가 없도록 요청하니 일차적으로 방음 시설을 보강해 소음을 줄이겠다는 약속을 받았다. 주변에 불편이 계속되면 민원을 제기할 수밖에 없다고 말하고 대화를 마무리했다. 장인어른의 표정에서 하고 싶은 말을 했다는 편안함이 느껴져 다행이다.

"우리 아버지가 믿는 사람은 당신밖에 없어"라고 말하는 아내의 칭찬에 기분이 좋았다.

제자리에 있을 때 아름답고 향기로운 것

_ 2021년 9월 5일 (일) / 공로연수 67일째

잠결에 들려오는 귀뚜라미 소리가 정겹다. 자연의 소리이기 때문인지 수많은 귀뚜라미 울음소리가 자장가처럼 들리는 게 신기하다. 아파트에서 생활하다 주말이면 주택에서 흙내음을 맡으며 휴식을 취한다.

텃밭을 가꾸고 주택 구석구석을 살피며 일하는 순간이 곧 즐거움이다. 바쁘다고 귀찮다고 게으름을 피우면, 돌아오는 것은 땀 흘리고 노력해야 비로소 제자리를 찾는다.

텃밭에 심었던 고추, 가지, 깻잎 등을 뽑아 담장 쪽에 모아 놓고 뒷정리하지 않았다. 배추 모종을 빨리 심어야겠다는 욕심에 쌓아둔 가지들이 자주 내린 비와 더운 날씨에 잎이 녹아내려 악취를 풍기며 온갖 벌레들의 서식처가 되어있다. 텃밭을 정리하던 아내가 "오늘은 꼭 정리해요"라는 말에 이른 아침 일을 시작했다. 고춧대와 가지 대는 하나로 묶어 통풍이 잘되는 담장에 매달고, 녹아내린 옥수숫대와 들깨 대는 땅을 파서 묻었다. 일하는 내내 악취가 진동하는 등 게으름을 피운 대가를 톡톡히 치렀다.

땀 흘려 일하면서 고춧대, 가지 대, 옥수숫대, 깻잎 대가 텃밭 땅에 뿌리를 두고 자라며 열매를 맺을 때는 매일같이 물도 주고 벌레도 잡아주며 열매를 거두게 해주어 소중했는데 흙을 떠나 생명력을 잃으면서 모든 것이 변했다.

생각해보면 생명력을 지닌 모든 것에 적용되는 자연의 섭리인 듯하다. 들여다보면 본연의 모습을 지니고 자기 자리에서 역할을 다할 때, 향기를 풍기고 열매를 맺고 삶이 풍요로워졌다.

일요일 아침 땀 흘리며 일한 보람은 깨끗하게 정리된 화단을 보면서 느끼는 상쾌함이다. 화단을 정리하는 동안 텃밭 배추 모종에 물비료를 주고 물에 소주를 넣어 만든 친환경 농약을 만들어 배추에 뿌린다. 열 평 남짓인 텃밭이지만 우리 부부에게는 수확의 기쁨과 일하는 보람을 안겨주는 소중한 일터이자 대화와 소통 공간이다.

흐린 날씨 탓에 오후에는 간간이 비가 내린다. 일을 마치고 오랜만에 배달음식을 주문해 먹기로 했다. 간짜장과 짬뽕을 주문하고 10분 만에 도착했는데 배달료가 포함된 가격을 보니 왠지 억울하다. 캠핑용 테이블을 펴놓고 마당에 앉아 음식을 먹으니 소풍 온 기분이다.

땀 흘려 일하고 마당에 앉아 간짜장 한 그릇을 먹으며 느끼는 기쁨, 나에게 행복이었다.

인생 2모작 십계명

_ 2021년 9월 6일 (월) / 공로연수 68일째

이제는 출근길인 듯 꽤 익숙해진 서울행이다. 고속버스를 타고 지나가는 길에 보이는 모습들이 이채롭다. 시내를 통과하며 출근과 등교를 위한 바쁜 발걸음, 건강을 위해 산책하는 모습을 지나 고속도로를 달리며 보이는 들과 산을 감싸는 구름이 빚어내는 풍경 속으로 빠져든다. 오늘도 버스는 비 내리는 길을 달려 목적지 서울에 도착했다.

이제는 제법 익숙해진 걸음으로 바삐 움직인 탓에 지하철 환승이 잘 이루어져 목적지에 빨리, 도착했다. 자주 찾는 북카페에 앉아 따뜻한 커피와 아내가 준비해준 샌드위치와 과일 도시락으로 혼밥을 하는 동안, 매장을 찾은 동기들을 만나 반갑게 인사를 나누었다.

지난주까지 총 36강 중 31강이 지나고 교육기관의 면접이 진행되는 등 마무리 단계이다. 아쉬워하는 모습과 각자의 일자리를 찾아 나서는 활발한 정보교환, 전직 지원 관련 기업에 이력서 등이 공유되면서 조심스러운 접근이 진행되는 모양새다.

한편 180시간 동안 뜻을 모아 모임을 만들어 교류하기 위해 교육 중 열심히 활동한 은행 출신 규천 쌤을 대표로 선출했다. 오늘 강의에서 경력 선장 표성일 강사님이 소개한 '인생 2모작 십계명'이 나를 뒤돌아보게 한다.

첫째, 삶과 협상하세요.
둘째, 과거는 잊으세요.
셋째, 주변 도움을 구하십시오.
넷째, 낮춘 만큼 얻습니다.
다섯째, 거절을 두려워 마세요.
여섯째, 과욕은 금물이며, 건강이 최고입니다.
일곱째, 지식이 아니라 지혜로 승부하십시오.
여덟째, 체면을 버리십시오.
아홉째, 젊은 세대에게 배우십시오.
열 번째, 문을 닫는 사람이 되십시오.

교육을 마치고 용산역에 도착했다. 내려오는 내내 인생 2모작 십계명이 머릿속을 떠나지 않는다. 내일은 '신규 임용예정 공무원과의 대화'를 약속한 날이다. 모든 것은 나의 선택이며 결과 또한 나의 몫임을 잊지 말자.

신규 임용예정 공무원과 만남

_ 2021년 9월 7일 (화) / 공로연수 69일째

새벽부터 내리는 비, 설레는 마음으로 만남의 장을 찾았다. 일자리경제국장으로 일하면서 방문했던 순천상공회의소 5층 콘퍼런스 홀이다. 신규 임용예정 공무원 87명을 3기로 나누어 교육하는데 1기생 28명과 만남이다.

교육장에 들어서니 순천시 기본현황과 업무에 대한 설명을 듣고 있는 새내기 공무원들이 보인다. 낯선 용어와 분위기에 잔뜩 긴장한 표정이지만 호기심 가득한 눈빛들이 초롱초롱하다.

이어지는 시장과의 소통의 시간. 간단한 인사말 후에 질문 답변이 시작되었다. 잠시 머뭇거리는가 싶더니 한 사람이 손을 들어 질문하자 여기저기서 질문이 쏟아진다. 자유분방한 세대답게 질문과 답변에 힘이 넘쳤다. 소통 프로그램이 마무리되고, 선배 공직자와의 만남의 시간이 진행되었다.

사실 후배공무원들과 '무엇을 이야기할 것인가'에 대해 많이 고민했다. 주제는 세 가지로 하고, 일방적인 정보 전달보다는 함께 의견을 나누며 소통하는 시간으로 계획했다.

먼저, 시작 분위기를 부드럽게 만들기 위해 '건강 박수'를 소개했다. 공무원으로 임용되어 직장생활을 함께할 동료, 상사, 후배뿐 아니라 살아가는 동안 만나는 사람들과의 '소통'을 건강 박수에 담아 공직생활의 첫 번째 덕목으로 삼자고 했더니, 긴장했던 표정들이 금세 밝아진다.

다음은 생활 속에서 접하는 '정치'와 공무원이 해야 할 '행정'에 대해 함께 생각해보았다. 학술적으로 다양하게 정의하고 해석되는 '정치'와 '행정'을 공무원 자리에서 접근해보자고 제안했다. 모아진 의견을 종합해, '정치'는 '자원 배분과 정책 결정'이고 '행정'은 '집행'이므로 공무원의 행정행위는 법적 근거가 기본이 되어야 한다고 핵심을 짚어주었다.

마지막으로 '아마추어'와 '프로'에 대한 의견을 나누었다. 두 단어가 지니는 차이는 무엇인지, 공직자로서 첫발을 내딛는 우리의 마음가짐과 시민의 평가는 어떠해야 하는지에 대한 의견들이 활발하게 오갔다. '전문성과 돈'을 중심에 두고, 공무원이 지녀야 할 덕목으로 '프로답게' '공무원답게'로, 시민으로부터는 '프로답다' '공무원답다'라는 평가를 듣도록 마음가짐을 갖자고 당부했다.

덧붙여 허석 시장님의 시정 철학인 "시정의 중심은 시민이어야 한다."라는 말을 인용하며, 시민참여·시민주도·시민주권의 시민 중심 행정을 발전시켜 나갈 후배들의 미래를 힘껏 응원했다.

짧은 만남이었지만, 믿음직한 후배공무원과 함께한 보람된 시간이었다. 특히 '공무원 생활 중 겪은 좌절과 갈등을 어떻게 극복했는지'라는 당찬 질문이 인상 깊다.

답변으로 '내가 경험한 좌절은 욕심을 줄이니 가벼워졌고, 갈등은 소통으로 극복하였다.'라며, '소통'의 중요성을 다시 한번 강조했다.

성큼 다가온 가을하늘

_ 2021년 9월 8일 (수) / 공로연수 70일째

순천에서 출발하는 오늘의 파란 하늘이 사뭇 높아졌음을 느낀다. 두 시간을 달려 이인휴게소를 지나며 맑고 푸르른 가을하늘이 펼쳐진다. 하얀 구름 사이에 고개를 내미는 가을이 서울에서도 느껴진다. 오랜만에 느끼는 후련함과 시원함 그리고 햇살에 모두 밝은 표정을 짓고 있다.

공로연수 일기를 쓰기 시작한 지 70일째. 단 하루도 같은 날이 없는 변화의 모습을 기록하는 일이 시들해진다. 하지만 내가 선택하고 목표한 일이기에 끝까지 가보려고 몸부림쳐 본다.

오늘은 직무정보 탐색 실습을 진행했다. 서른 번의 교육을 받는 동안 수많은 실습과 토론과제를 진행했다. 수십 번 조를 편성해 실습과 토론을 했지만 한 번도 함께 활동해 보지 못한 사람이 있었다.

"재근 쌤과는 처음으로 같은 조가 되었네요."

"저도 경혜 쌤과 실습을 하기는 처음이네요. 반갑습니다."

교육과정 전반에 열정을 보이며 질문이 많은 교육생으로 배울 점이 많다고 생각했는데, 오늘도 조장을 맡아 실습과제를 리드 한다.

정리된 실습결과는 조장의 지명으로 발표는 내 몫이 되었다. 그동안 실습 과정 조장의 역할을 맡겨준 탓에 진행과 기록을 주로 맡아왔고, 발표는 다른 분께 기회를 드렸는데 오늘은 역할에 따라 발표까지 마무리했다. 공직생활 중 수많은 보고나 진행을 경험한 탓에 어려움은 없으나 긴장감을 느낄 수 있어 좋다.

교육을 마무리하고 공로연수 멘토와 만남의 자리를 갖게 되었다. 지금 변화의 동기를 부여한 책임감으로, 항상 관심을 지니고 퇴근길에 짬을 내서, 아낌없는 격려와 나의 고민 지점을 들어주는 고마운 후배이사 멘토다.

오늘은 작은아들 집으로 가는 날이다. 멘토와 미팅으로 조금 늦게 출발했는데 아들 역시 퇴근이 늦어 도중에 만나 집으로 향하는 길이다. 다음 주에 형 아파트 침대를 옮기기로 했다는 말에, '아빠가 함께해줄까?' 말하니, 형에게 물어보자며 전화를 한다. 결혼한 아들 집을 방문하는 일이라 아들은 며느리에게, 나는 아내의 의견을 듣고 결정하기로 했다. 게다가 다음 주는 작은아들 생일이라 큰아들이 함께할 건수를 만들어 집으로 초대를 한 것인데, 눈치 없는 아빠가 함께하자고 하니 조금 복잡해졌지만, 다행스럽게 반대하는 사람이 없어 같이하기로 했다.

뜻밖의 소득에 기분 좋아진 아빠에게 아들의 제안, '오늘 저녁 야식과 맥주는 아빠가 콜'. 세상에 공짜는 없다지만 느닷없이 훅 들어온 아들의 선빵에 지갑 털리는 기분이 왠지 좋다. 갑작스러운 결정이지만 큰아들 결혼 후 오랜만에 아들 집에 갈 다음 주가 기다려 진다.

70여 일 만에 백수다운 하루

_ 2021년 9월 9일 (목) / 공로연수 71일째

아침 8시 30분 작은아들이 출근한다며 집을 나선다. 오늘은 백수다운 하루를 보내기로 마음먹고 아들이 출근한 후 나는 침대에서 뒹굴었다.

유튜브를 검색하다 '남자친구'라는 드라마 이어보기 두 시간을 넘기고 있다. 오랜만에 혼자 시간을 보내며 아침밥 건너뛰고 게으름을 부리다 보니 배가 고프다. 시간을 보니 열두 시가 다 되어가는 시간이다.

아들이 준비해둔 삼겹살 김치찌개 한 그릇을 맛있게 먹고, 설거지를 마무리하고, 냉장고를 열어 복숭아를 꺼내 먹으니 세상 부러울 게 없다. 하지만 이렇게 시간을 보내면서 첫 번째 원칙 '낮잠'은 절대로 자지 않기로 했다.

오후에 계속되는 카톡 알림음과 올라온 글. 부지런한 전직 지원 컨설턴트 과정 유미 총무님이 과제물 공지를 올리기 시작했다. 교육과정의 막내인 탓에 봉사하는 자세로 총무를 맡았지만 대단한 열정을 지녔다. 반나절을 백수 기분으로 보내자 현실을 직시하게 해주는 유미 쌤 덕분에 숙제를 챙겨 본다.

다시 시작되는 고민이 있다. 내가 지금 준비하고 있는 배움과 소개를 통해 그동안 진행된 일들에 대한 마무리를 어떻게 할 것인지에 대한 것이다. 전직 지원과정 수료와 매듭지어야 할 일, 새롭게 시작해야 할 일을 어떻게 할까?

교육이 마무리 단계에 접어들면서 교육을 주관하는 '인지어스'에 자꾸만 신경이 쓰인다. 당장 일자리가 필요하지 않지만, 이력서를 보내고 개인 사정으로 면접을 보지는 않았지만 내심 기대하는 측면도 있다. 내 마음속에는 지방에서 배움을 택한 부분을 인정받아 선택의 폭을 넓혀보고 싶은 바람이다.

이쯤에서 고민을 거두고 내일 만나는 멘토에게 자문해볼 생각이다. 우선 새 명함에 인쇄된 나의 직업능력개발계획 수립을 내년 6월 말까지 끝내야 한다. 이를 위한 첫 번째 과제는 전직 지원 컨설턴트 과정 수료다. 그 두 번째는 11월 행정사 자격을 취득하고 실무교육을 받는 것이다. 이를 위한 교양/기본 교육과 자격증 또한 갖추어야 할 조건이다.

내가 선택한 2022년 6월 말까지 일 년은 퇴직 후 건강 지킴이 일거리를 찾는 것이 목표다. 아직 9개월이 남았다가 아닌 이제

9개월밖에 남지 않았다는 목표 시간을 갖고 준비해야 한다.

추석이 다가오며 이제는 내려놓고 잊어야 하는 마음 갈등이 '가다 서다'를 반복하고 있다.

열리는 기회들

_ 2021년 9월 10일 (금) / 공로연수 72일째

아들 출근길에 함께 나선 발걸음으로 북카페에 앉아 차를 마시며 노트북을 펼쳤다. 마무리 짓지 못한 숙제인 이력서를 수정하며 지나온 시간을 정리해본다. 나름으로 열심히 최선을 다했다고 자부하는데 부족함과 부끄러움이 보인다. 전직 지원 멘토를 만나 마음의 짐을 풀어놓으니 '누구나 이런 경험을 한다.'라며 자신감을 느끼고 도전하라고 한다.

오늘은 전직 지원 컨설턴트 교육의 첫걸음에 희망 사다리를 만들어 준 표성일 경력 선장님의 마무리 수업이 있는 날이다. 해군 출신으로 전직 지원 분야에서는 내가 지금까지 만나본 전문가 중에 최고다. 어찌 보면 분야는 다르지만 비슷한 길을 걸었고 먼저 사회에 나와 자신의 강점을 전문분야로 발전시켰다. 남다른 관심으로 자신의 성공 노하우를 전해주시면서 희미하게 열리는 문에 다가서는 길을 알려주었다. 마지막 강의시간에도 끝까지 자리하지 못하고 조금 빠르게 교육장을 나왔다.

이동하는 도중 전화벨이 울린다. 등록되지 않은 번호여서 망설이다 통화하니 지난번 만났던 전직 관련 기업으로부터 면접을 요청받아 당황했지만 반가웠다. 이력서를 보내주라는 요청을 받고 오전에 숙제를 마무리한 것이 떠오르며 좋은 느낌이 든다. 지금까지 경험해보지 못한 새로운 기회에 대한 설렘과 기대감이 현실로 다가온다.

기차를 타고 이동하는 동안 머릿속에는 면접에 대한 긴장감이 가득하다. 창밖에 깃든 어둠을 주시하다 갑자기 밝아지는 도심의 불빛을 바라본다. 평온하고 따뜻한 그리고 희망으로 가득한 선한 기운이 느껴진다.

공로연수 70여 일째.

바쁘게 움직이던 아침 출근길을 생각하면서, 집을 나서 내가 할 수 있는 것을 찾자는 도전이 헛되지 않았으며, 어떤 결과를 주더라도 받아들이자는 마음이다. 나에게 주어진 퇴직을 준비하는 공로연수 이름표가 가져다주는 일을 이제는 즐길 때가 되었다. 하지 못할 일이 없으며, 어떤 일을 주건 사회에 공헌할 수 있는 일이라면, 모든 것을 내려놓고 일로써 건강을 지키자는 지금, 이 마음 절대 잊지 말자는 마음가짐으로 시작하자.

집에 도착해 노트북을 열어 면접을 요청한 분에게 이력서를 메일로 보냈다. 이제 시작이라는 마음과 여러 가지 생각으로 잠들지 못하는 가을밤. 욕심을 버리면 삶이 가벼워진다는 것을 알면서도, 밀려드는 생각 한쪽에는 아직도 버리지 못한 욕심의 파편이 가득하다.

봉화산 둘레길

_ 2021년 9월 11일 (토) / 공로연수 73일째

기분 좋은 주말 아침. 아침 운동을 위해 나서는 길에 바라본 일출이 너무 아름답다. 도심에서 바라본 일출임에도 순천만 국가정원에 떠오르는 붉은 가을 햇살이 황홀하다. 멋진 일출을 바라보며 도착한 운동장에는 먼저 나온 반가운 회원들의 모습이 보인다. 아직은 뜨거운 여름 햇살에 5분만 뛰어도 땀이 줄줄 흐르지만 불어오는 상쾌한 바람에 가을이 담겨있다.

오늘은 동창들과 부부동반으로 봉화산 둘레길을 걷기로 한 날이다. 간편한 등산복 차림으로 둘레길 산행을 나서는 아내의 얼굴에 즐거움이 담겨있다. 참으로 오랜만에 나서는 산행은 공로연수 70여 일 만에 처음으로 산을 찾은 것이다. 일주일에 2~3회 서울을 오가는 전직 지원 교육을 선택하지 않았다면 봉화산 둘레길 산행으로 하루를 시작했을 것이다.

친구들과 둘레길을 걸으며 봉화산 정상을 향하는 오르막에서

힘들어하는 모습을 보며 "아침 운동을 적당히 하지"라며, 씩씩하게 앞장서 걷는 아내가 한마디 한다. "일주일에 한 번은 봉화산 둘레길을 함께 걷자."라는 제안에 좋다며 맞장구를 쳤다. 사실 그동안 바쁘다는 핑계와 토요일 아침 축구를 하니 최소한의 운동은 했다는 착각이 지금의 저질 체력을 만든 원인이다.

저질 체력을 믿고 빠듯하게 산행을 시작한 탓에 정상 부근에 이르러 친구와 통화해 만나는 지점을 정하고, 아내를 먼저 약속장소로 보낸 후 등산로 옆 정자에 앉아 숨을 고르며 땀을 식히는 동안 지속적인 운동의 필요성을 절감했다.

잠시 후 도착한 친구 부부와 아내가 "평상시 운동이 중요하다."라고 한마디 했다.

산행을 마치고 예약한 산장에서 미리 주문한 닭구이와 능이버섯황칠백숙에 약초 막걸리를 곁들였다. 맛있는 닭구이와 백숙에 막걸리를 마신 알딸딸함으로 세상 부러울 것 없는 기분이다. 오늘 산행에 동행한 친구는 고등학교 동창으로 시청에 근무하다 먼저 퇴직해 건강을 지키며 종교 활동을 통한 사회공헌활동으로 보람을 얻고 있다.

점심을 먹으며 곁들인 약초 막걸리가 평소의 주량을 넘어선 탓인지 집으로 향하는 길에 발견한 동네 정자에 아내와 함께 누워 가을 하늘을 바라보며 술에 취한 듯 일탈의 시간을 보냈다.

"살면서 이런 일이 없었는데 기분 참 묘하네"

"술 마시고 동네 정자에 누워 하늘을 보니 참 좋네"라고 말하며 웃었다.

오늘 하루 있었던 일을 떠올리며 기분 좋은 행복한 날이다.

추석 성묘

_ 2021년 9월 12일 (일) / 공로연수 74일째

올 추석에는 정년퇴직을 축하하는 가족여행을 가기로 했다. 지금까지 설과 추석 명절에 집을 떠나 시간을 가져본 적이 없어 가족 모두 들뜬 마음이다. 특히 아내는 결혼 34년에 이런 날도 있다며, 큰아들이 결혼해 복덩이 며느리가 들어오니 이런 일도 생긴다며 기뻐하는 눈치다.

새벽 6시, 아내의 손길이 분주하다. 추석 성묘를 위해 생선을 굽고 전을 부치는 등 음식 준비하는 모습에서 여유가 느껴진다. 평소 명절보다 음식량은 줄었지만, 송편과 과일, 생선과 전 등을 준비해, 동생 가족과 함께 미리 조상 묘를 찾는 이번 추석 명절을 계기로 매년 추석에는 가족 모임을 하기로 했다.

동생 가족이 도착해 정성껏 준비한 상차림을 들고 성묫길에 나섰다. 문중 선산에 도착해 "형님은 간단히 성묘만 하자면서 무슨 음식을 이렇게 준비하셨어요." 말하는 동생이 형수의 수고

로움을 알아주어 고마웠다. 오후에는 부모님이 계시는 천주교 공원묘지에 들러 인사드리고 추석 성묘를 마무리했다. 동생 가족과 점심을 먹으며 올 추석 명절은 따로 지내지만, 내년부터는 여건이 되면 함께 가족여행을 계획하자고 했다.

성묘를 마치고 돌아오는 길에 친구에게 전화가 왔다.

"산에서 잼피를 땄는데 필요하면 조금씩 나누고 싶다."라는 것이다.

지난 7월 부부동반 삼겹살 파티에서 잼피가 들어간 김치가 생각나 전화했다고 말하는 고마운 친구의 모습이 떠올랐다.

어제는 동생이 바다낚시를 다녀와 돔과 부시리 등 생선을, 오늘은 산에 다녀온 친구의 잼피를 받고서 마음 가득히 고마움과 따뜻한 정을 느꼈다.

주택 처마 끝 고기 망에는 생선이, 따가운 햇볕이 내리쬐는 마당에는 고추와 가지 그리고 잼피가 널려있는 모습을 보며 수확의 계절 가을에 느낄 수 있는 기쁨을 맛보았다.

전직 지원 첫 면접

_ 2021년 9월 13일 (월) / 공로연수 75일째

180시간 교육을 마무리하는 한 주가 시작되었다. 그동안 20여 차례 서울로 향하는 기차와 버스에서 보았던 풍경들이 사뭇 다른 느낌으로 다가오면서 많은 생각이 떠오른다. 새로운 길을 찾아 나서는 설렘과 두려움이 밀려왔다 사라지면서 많은 것을 느끼게 해준 시간이다. 이제는 내가 선택한 길의 끝자락에 서서 변화된 모습으로 새로운 길을 찾아 나서야 했다.

평소보다 조금 늦게 도착한 탓에 이동하는 발걸음이 바쁘다. 지하철을 타고 내리고 환승을 위해 많은 사람과 한 무리가 되어 다시 지하철에 올랐다. 무표정한 얼굴로 스마트폰을 들여다보는 사람들 속에서 목적지로 향하는 똑같은 모습의 나를 본다.

전직 지원 상담에 대한 이현석 강사의 강의와 다과를 함께하는 자리에서 교육에 대한 소회와 바램을 나누는 시간을 가졌다. "멀리서 많은 시간을 투자하는 저를 이해할 수 없다는 여러분의

도움으로 퇴직을 고민하며 새로운 길을 찾아 변화된 지금의 모습이 가장 큰 보람이다"는 말에 격려와 응원으로 화답해주는 목소리에 들뜬 마음으로 자리를 마무리했다.

오늘은 제2의 인생 설계에 특별한 의미가 있는 날이다. 그간 배우고 익힌 전직 지원 컨설턴트의 가능성을 평가받는 면접이 있기 때문이다. 긴장되고 떨리는 마음으로 약속 시각에 맞추어 면접 기회를 준 전직 기업 '이음길'에 도착했다.

그동안 취업을 위한 면접은 42년 전 공무원 임용 필기시험에 합격하고 면접을 보았던 기억이 전부인데 40년의 세월이 지나 면접장에 앉아 느끼는 긴장감이 흥미롭다.

면접을 진행하는 동안 전직 지원 업계의 실력자인 면접관의 질문에 짧게 핵심만을 답변하려고 하는데 자꾸만 변명 같은 어설픈 설명이 많아지는 부족함이 보인다. 질문과 답변이 이어지며 '이음길'에서 기회와 도전에 대한 보람을 함께하고 싶다는 것을 강조했다. 면접을 마무리하고 돌아서는 발걸음이 무거웠지만, 희망의 길을 걷기 위한 과정이기에 즐겁다.

테헤란로를 바쁘게 걷는 직장인과 한 무리가 되어 퇴근길 숨 막히는 지하철에서 내려 도착한 큰아들 신혼집. 작은아들 생일에 함께 초대받아 맛있게 준비한 저녁을 먹고 큰아들과 며느리,

작은아들과 정겨운 대화를 나누었다. 밤늦은 시간까지 아들과 이야기를 나누는 술자리에서, 내년 1월이면 아빠가 되는 큰아들의 취업과 사업가의 꿈을 키워나가는 작은아들의 생각과 고민을 알 수 있었다.

정년퇴직하는 아빠에 대한 고민을 듣고 "아빠 걱정은 하지 마라."라고 자신 있게 말했지만, 세상 물정에 눈을 뜬 아들에게는 그래도 아빠가 걱정인 모양이다. 따뜻함으로 서로를 어루만지는 시간, 이 맛에 자식을 키우고 가정을 지키는 것인가 보다.

4부

큰아들 신혼집

_ 2021년 9월 14일 (화) / 공로연수 76일째

새벽 6시. 잠들어 있는 우리를 배려하는 조심스러운 움직임으로 출근하는 며느리를 배웅하는 아들의 목소리를 들으며 하루를 시작한다.

"오늘 우리 집은 여자들만 돈 벌러 나가고 남자들은 쉬는 날이네."라는 말에 세 남자가 웃는다.

결혼한 큰아들은 박사과정을 끝내며 취업을 준비하고 있고, 작은아들은 카페에서 일하는데 오늘은 쉬는 날, 공로연수 중인 백수 아빠 이렇게 세 남자가 2년 만에 아파트에 모였다.

신혼집인 큰아들의 아담한 아파트에 의기투합한 이유가 있다. 내년 1월이면 새로운 식구를 맞이하는 큰아들 집안 정리를 위해서다. 안방 침대 위치를 바꿔 아기침대 들여놓을 공간을 만드는 것이 오늘 할 일이다. 덕분에 큰아들 집에서 하룻밤을 보내며 정겹고 오붓한 시간이었다. 공간배치에 대한 계획을 세우고 지혜와 힘을 모아 마무리한 아들의 표정이 만족스러운 눈치다.

지난밤 대화에서 큰아들과 며느리의 걱정하는 목소리가 귀에 생생하다. '아이가 생기면 좁은 공간에 아기침대와 놀이기구도 놓아야 하는데 고민'이라고 했다. 아들이 직장을 갖게 되면 지금보다 큰 아파트로 옮겨야 하는데 요즘 집값이 엄두를 낼 수 없어 '조금 더 고민해보자.'라고 했지만, 마음이 무겁다.

오늘이 작은아들 생일이라 점심을 먹기 위해 초밥집으로 향했다. 서울에서 아들들과의 평일 점심은 새로운 기분이다. 나서는 걸음에 파주 통일동산 관광특구에 있는 음악 카페로 향하는 자유로에 군인들이 경계 근무하는 모습과 강 건너가 북한 땅이라는 사실에 기분이 묘하다.

우리가 찾은 음악 카페는 입장료를 받고 커피를 마시며 음악을 들을 수 있는 공간이다. 따뜻한 커피를 마시며 실내 공간 수많은 스피커에서 흘러나오는 음악을 들으며 많은 생각과 고민거리를 피아노와 각종 악기의 아름다운 선율에 실어본다. 카페를 나와 예술인촌을 걸으며 자유로운 영혼들이 빚어낸 공간과 표현을 눈에 넣으며 걷는 동안 바라본 아들들의 표정과 반응에 즐거움이 느껴진다. 주말에는 이곳에 많은 사람이 가족과 함께 즐기는 곳으로 유명한데 코로나 탓인지 문을 닫고 비어있는 점포가 많은 것을 보니 이곳도 어려움이 많은 것 같다.

돌아오는 길에 바라본 풍경은 평화로움과 대립상황이 만들어 낸 긴장감이 느껴진다. 다시 일상으로 돌아와 큰아들은 집과 학교로, 우리는 한 시간 이상 달려 집으로 왔다. 오늘을 되돌아보며 '나는 행복한 사람'이라는 마음가짐으로 모든 것을 내려놓는다.

전직 지원 컨설턴트 교육을 마무리하며

_ 2021년 9월 15일 (수) / 공로연수 77일째

수 료 증

성　　명 : 이 재 근

훈련과정 : 전직 지원 컨설턴트 과정

훈련기간 : 2021년 6월 25일 ~ 2021년 9월 15일 (180시간)

NCS직종 : 전직 지원 (07020103)

위 사람은 교용노동부에서 주최하고 인지어스평생교육원에서 주관한 직업능력개발훈련과정을 수료하였으므로 이 증서를 수여합니다.

2021년 9월 15일

인지어스평생교육원

41년 공직생활 마무리를 위한 공로연수기간 중 시작한 교육이 마무리되어 수료증을 받았다. 무더위가 시작된 6월 하순 시작해 주 3회(월, 수, 금), 1회 5시간, 36회, 총 180시간이다. 전직 지원에 대한 개념도 없이 20년 전 함께 근무했던 멘토의 권유로

시작한 교육이다. 더욱 놀라운 것은 교육생 15명 중 실업과 재직 중 퇴직을 준비하는 고용노동부 지원 직업능력개발훈련과정에 있는 동료들이 대부분이며 일반 교육생은 나 혼자였다.

교육이 시작되고 서로가 친숙한 사이가 되었을 때,
"이 선생님은 뭐 하려고 교육을 받아요."
"그것도 자비를 들여서"
"교육을 위해 지방에서 4시간 차 타고 올라와, 5시간 교육받고, 다시 4시간 차 타고 내려가야 하는데 이해할 수 없다."라는 반응이었다.

전부 맞는 말이며 공로연수 77일 차 일기의 대부분이 전직 지원과 관련된 글이 대부분이다. 하지만 돌이켜보면 일기를 시작한 것도 전직 지원 교육을 통한 변화를 선택한 결과물이다.

교육을 마무리하고 수료식이 진행되는 동안 그동안의 정을 잊지 못해 아쉬움이 가득하다. 교육 첫날의 서먹함은 어디론가 사라지고, 지나온 시간만큼 서로의 아픔을 어루만지고 이해하면서 형성된 공감대는 서로에게 선한 영향력을 주는 관계가 형성되었다. 유난히 무더웠던 여름날 어두웠던 터널을 지나 교육 수료와 새로운 일을 찾아 나섰다. 모두에게는 재취업과 창업 등 배움을 통해 얻은 지혜와 성과물을 얻었다.

교육을 마무리하고 순천행 KTX를 타고 이동하는 동안 많은 일이 머리를 스친다. 모두에게서 들었던 말 '뭐 하려고 그 고생을 하냐.'는 것이다. 물음에 대한 답은 '이러한 고생을 통해 새로운 길을 찾아 도전할 수 있는 일을 찾았다'이다. 지난 77일간의 여정에서 많은 사람을 만나고 전문가인 강사들의 가르침과 먼저 이 길을 걸어간 경험자의 지혜를 만나 나를 뒤돌아보는 소중한 시간이었다.

이제 나에게 남은 것은 '두려움을 떨치고 전직의 길을 걷는 것' 그 길을 걷기 위해 '지금까지의 나를 버리고 진정을 위해 일한다.'라는 변화를 수용하는 용기임을 잊지 말자.

공로연수 백수 첫날

_ 2021년 9월 16일 (목) / 공로연수 78일째

공로연수 78일째 되는 날 아침이다. 오늘은 약속된 일정이 없는 날이라 생각하니 왠지 허전하다. 생각해보니 오랜만에 현재 상황에 딱 어울리는 백수로 지내는 첫날이라는 느낌이다. 아내의 출근길에 함께 집을 나서 하루를 계획해 보는데 오늘 꼭 해야 할 일이 없다.

전직 지원 교육 기간 중 만난 사람들에게 카톡과 문자로 감사 인사를 드리기로 했다. 가르침을 주신 표성일 경력선장님, 이현석 강사님, 손지성 강사님께 드린 카톡에 답장이 왔다.

표성일 경력선장님께서는 '학습과 네트워킹'을 강조하셨다.

"예, 잘 내려가셨습니까? 천천히 학습과 네트워킹하시고 기회를 기다리십시오. 그동안 수고하셨고 감사합니다."

이현석 강사님께서는 '열정과 노력이 현장에서 발휘'되기를 바라는 응원을 보내주셨다.

"선생님, 먼 곳에서 교육받으시느라 정말 수고 많으셨습니다. 선생님의 열정과 노력이 조만간 현장에서 발휘되실 수 있기를 응원하겠습니다."

손지성 강사님께서는 '좋은 인연, 좋은 자리에서 만남'으로 희망을 담아 주셨다.

"네, 잘 내려가셨죠? 그동안 교육받으시느라 고생하셨습니다. 좋은 인연에 감사드립니다. 다시 좋은 자리에서 뵙도록 하겠습니다."

교육이 마무리되는 시점에서 만나고 면접을 보았던 〈이음길〉 김기완 대표이사, 이수연 상무에게 교육 수료 인사와 한국형 선직 지원 서비스의 새길을 만드는 일에 함께할 기회가 되면 좋겠다는 바람을 전했다.

모든 일의 시작이 중요하듯이 꾸준한 네트워킹을 위한 마무리 인사의 중요성에 대한 가르침은 생각을 실천으로 옮기는 것이 효과적이라는 것을 직접 확인했다.

아무런 계획 없이 시작된 하루 그리고 또 내일이다. 알 수 없는 무력감이 찾아오는 하루를 보내며 지난 시간을 되돌아본다. 바쁘고 몸은 힘들었지만, 목표를 세우고 길을 찾아 나서는 시간이 얼마나 행복한 일인지.

퇴근길에 만난 아내가 한마디 한다.

“오늘 힘이 없어 보이는데 무슨 일 있어요?”

“아니”라고 대답은 했지만 믿지 않는 눈치다. 아무 일 없이 놀면서 표정 관리하는 것도 백수가 갖추어야 할 중요한 덕목인 듯하다.

추석 나들이

_ 2021년 9월 17일 (금) / 공로연수 79일째

올해 추석 명절은 가족여행을 계획했다. 가장 들뜬 마음으로 오늘을 기다린 사람은 다름 아닌 아내다. 결혼생활 34년째, 34번째 맞는 추석 명절을 나의 정년퇴직과 며느리 임신 등의 여러 사정을 살펴 은퇴 기념 가족여행을 하기로 했기 때문이다. 큰아들의 결혼과 아내와 작은아들의 직장생활 등으로 온 가족이 시간을 맞춰 여행을 떠나기에는 명절 연휴가 제일 좋다는 가족회의 결과에 따라 준비한 일정이다.

아내의 기분 좋은 출근길을 함께하고, 주택에 도착했다. 여행에 필요한 준비물을 챙기고, 오랜 시간 집을 비워야 하는 탓에 집 안 청소를 서둘러 마무리하고, 아내가 부탁한 양파 껍질을 벗기는 동안 흐르는 눈물과 콧물로 얼굴이 엉망이다. 평소에 익숙하지 않은 일을 직접 경험하면서 아내의 수고로움에 새삼 감사한 마음이 든다. 손질한 양파를 봉지에 담아 아파트로 가져와 그중 하나를 골라 오늘 점심 메뉴인 라면에 넣으니 달달하게 양

파 맛이 우러난 국물이 시원하고 깔끔하다.

여행 준비 두 번째 임무는 아파트 대청소 그리고 화분에 물 주기이다. 집 안 구석구석을 살피며 청소를 해보면 참 묘한 재미와 기분이 마음을 상쾌하게 해준다. 날마다 생활하는 공간에 최소한 일주일에 한 번의 대청소와 수시로 눈에 보이는 머리카락이나 먼지 등을 치워주는데도 청소를 하다 보면 무엇이 그렇게 많이 나오는지 모르겠다.

청소기를 돌리고 나면 다음은 걸레질이다. 바닥을 닦기 위해 걸레통에 걸레를 돌려서 빨고, 힘주어 걸레질하다 보면 어느새 온몸에 땀이 배는 느낌과 뽀송뽀송해진 바닥을 걸을 때, 뽀드득 소리가 경쾌해서 기분이 좋다.

거실에 키 큰 화분과 베란나 작은 화분을 욕실로 옮겨 복마른 화분의 먼지도 깨끗이 씻겨 나가도록 샤워기로 충분하게 물을 뿌려주는 동안 식물의 잎이 흔들림에 묘한 감흥이 느껴지는 것이 식물을 키우는 재미다.

퇴근해 집에 도착한 아내는 추석 여행 중 가족이 먹을 음식을 봉지에 담느라 바쁘다. 물김치, 배추김치, 파김치, 갈비, 전복과 얼음팩을 넣은 큰 아이스박스의 공간이 부족하다. 배, 사과, 복숭아 등 과일과 깐 양파, 직접 짠 참기름, 볶은 깨 등 양념류를 봉지와 박스에 담는 아내의 모습을 보며 자식에 대한 부모사랑은 어쩔 수 없는 닮은꼴이라는 생각이 든다. 행복해하는 아내의 모습과 함께 오후 7시 출발 시각에 맞추어 집을 나선다.

어둠을 헤치고 아들 집을 향해 달리며 바라본 귀성 차량 행렬이 천안 방향 경부고속도로에 접어드니 장관을 이뤘다. 평소 명절 때면 TV 화면에서 보던 귀성차량 행렬을 직접 보면서 추석명절을 실감해본다. 답답한 교통 이름이지만 안전한 운전으로 밤 11시 도착하여 준비한 먹거리를 정리하는 동안 큰아들 내외가 합류했다.

온 가족이 추석 명절 연휴에 가족여행을 한다는 것에 들뜬 모습이며 아내의 얼굴에 웃음이 가득하다.

설악산으로 추석 은퇴 여행 출발

_ 2021년 9월 18일 (토) / 공로연수 80일째

주말을 포함하여 5일간의 추석 연휴가 시작되는 첫날. 온 가족이 한자리에 모여 아내의 정성 가득한 맛깔스러운 아침을 먹으면서 하루를 시작한다. 추석 명절 가족여행을 준비하는 아들과 며느리의 조심스러운 모습이 아내의 즐거움 가득한 손길과 사뭇 다르다. 작은아들은 일을 마친 오후에 출발하기로 한 탓에 번거롭기는 하지만 이틀간의 시간을 함께할 수 있어 다행이다.

오전 10시 출발해 속초로 향하는 길이 추석 귀성과 주말여행 차량이 더해져 도로 곳곳이 정체되어 느리게 움직인다. 차량 정체에도 뒷자리의 시어머니와 며느리는 어느덧 엄마와 딸이 되어 남편 흉보는 재미에 빠져 웃고 수다 떨기 바쁘다. 안전운전을 맡은 아들과 운전 보조 및 빠른 길 찾기 임무를 부여받은 스마트폰맹 아빠는 실수의 연속이다. 정체가 풀리면서 빠른 속도로 달리는 차 창 밖 가을 풍경은 맑고 푸르고 높고 아름답다. 하얀 구름 사이로 보이는 파란 가을 하늘은 두 여인의 마음을 쏙

빼놓을 만한 광경이다.

조금 한산해 보이는 대관령휴게소에 들러 간식을 먹으려던 계획은 추석 연휴 고속도로 휴게소에서는 조리된 음식을 팔지 않는다는 코로나19 방역 지침 탓에 무산되고, 대신 차 한 잔을 마시고 다시 길을 나섰다.

여행의 참맛은 풍경과 함께 맛있는 음식을 찾아서 먹어보는 맛집 투어가 한몫한다. 맛집은 며느리 몫으로 임산부의 입맛을 충분히 고려해 선정하는 임무를 부여했다.

추석 여행의 첫 번째 맛집은 양양의 별미로 소문난 감자옹심이와 장칼국수, 감자전과 옥수수로 담근 막걸리로 정했다. 담백하고 끈적한 감자의 식감을 살린 감자전에 옥수수 막걸리는 아들과 아내의 몫이 되었다. 자연스럽게 오후에 운전은 나의 몫이 된 것까지는 좋았는데 기분이 좋아진 아내가 한 잔 더! 하더니 취하는 모양이다. 맛있게 점심을 먹고 설악산에 예약한 호텔을 찾아가는 동안 엄마와 딸은 수면 모드인 듯 조용하다.

국립공원 설악산 입구 표지석을 보며 들어선 길에 늘어선 가로수는 아직 푸른 잎이 무성하다. 고교 시절 수학여행의 추억이 깃든 풍경과 다르게 많은 변화를 겪은 상가, 옛 모습을 그대로 간직하고 있는 설악산의 풍경. 이윽고 텅 빈 주차장과 건물을 지나 호텔에 도착해 여장을 정리했다. 호텔 테라스에 앉아 아름다운 설악의 가을 풍경을 스마트폰에 담아 몇몇 사람에게 추석 인사와 함께 보냈다.

저녁 식사를 위해 찾은 양양 송이버섯마을에서 한우 샤부샤부를 맛있는 송이버섯과 먹으며 여행 첫날의 기분을 만끽하는 동안 가족 모두의 얼굴에서 미소가 넘쳐흐른다. 맛있는 식사 후 잘 가꾸어진 정원을 걸으면서 새로운 가족에 대한 희망과 긴 공직생활을 마무리하는 소회를 이야기하며 호텔로 돌아왔다. 늦은 시간 작은아들이 도착해 준비한 술과 정겨운 대화로 은퇴 여행 첫날밤이 깊어 간다.

부모님은 우리의 영원한 히어로

_ 2021년 9월 19일 (일) / 공로연수 81일째

신선하고 맛있는 호텔 조식을 먹기 위해 이른 아침에 호텔 식당으로 향했다. 가을 아침 설악산의 멋진 풍경을 볼 수 있는 창가 쪽 테이블은 이미 꽉 찬 상태다. 아쉽지만 방역수칙에 따라 테이블을 달리해 식사하는데 임신한 며느리가 음식을 맛있게 먹는 모습이 보기 좋다.

오늘은 설악산 산책과 속초 바다 풍경을 보며 맛집 탐방 가기로 했는데 호텔을 나서는 시간이 늦어진다. 어제 밤늦게 도착해 호텔 방을 함께 사용한 작은아들을 따라 호텔 잔디광장에 도착하니 깜짝 파티가 준비되어 있었다.

부모님은 우리의 영원한 히어로
"이재근 님의 회갑을 축하드립니다"
앞으로 펼쳐질 황금빛 봄날을 응원합니다.
사랑하는 아들, 딸 올림

…… 이라는 플래카드와 은퇴를 축하하는 글이 새겨진 케이크를 내밀며 아내와 딸, 아들이 노래를 불러준다. 인생 60년, 공직생활 41년의 세월이 큰 물결로 다가오며 마음을 울리는 가슴 찡한 감동에 순간 울컥했다.

'하고 싶은 건 다 해. 꽃길보다 돈길'이라는 상자에 '인생은 60부터'라는 문구와 '효도의 완성은 현금'이라며 장난감 총에 실탄으로 돈을 담아 선물을 주면서 아빠 마음껏 공중으로 날리라는 신호에 방아쇠를 당기니, 실탄으로 장전된 한국은행 빳빳한 1만 원권 신권 61장이 하늘을 날아 잔디밭에 흩어져 날린다. 이 순간 가족을 위해 살아온 사랑 별 주머니가 눈물이 되어 흐른다.

너무 행복했다.

이런 맛에 자식을 키우는 것인가 싶은 가슴 벅찬 감동의 순간이다. 이런 순비를 하느라 출발을 늦추었는데, 자꾸 언제 출발하느냐고 재촉했으니, 웃음이 나온다. 아내의 눈에 이슬이 맺힌 듯한데 애써 밝게 웃으며 함께 손뼉 치며 축하해준다. 준비해준 아들, 딸, 아내에게 감사하고 고맙고 사랑한다는 말을 전했다.

호텔 앞 가을빛 물든 광장을 나서며 길게 끝없이 늘어선 차량 행렬과 인도를 걸어 설악산으로 향하는 사람들을 보면서 설악산 산책은 내일로 미루고 속초 바다로 향했다. 점심은 쫄깃하고 맛깔스러운 싱싱한 오징어 물회 맛집을 찾아 정말 맛있게 먹었다. 이십 년 전 강원도 여행길에 먹었던 오징어 물회 맛이 생각나 이곳저곳을 찾아 먹어보았지만, 그 맛을 느끼지 못했다. 이 말을 기억한 아들 부부의 오징어 물회 맛집 찾기에 나서 오늘 그 맛을 보게 되어 모든 일이 술술 풀리는 가족여행이다.

속초 해변을 거닐며 바다가 보이는 찻집에 앉아 차를 마시며 이야기꽃을 피우는 시간. 오늘 저녁은 아들이 예약한 속초 대게 마을 식당에서 바다를 보며 맛있는 대게를 먹기로 했다. 아들들이 호시탐탐 노리고 있는 술 창고에서 가져온 중국 술과 살이 꽉 찬 대게를 먹으며 느끼는 행복감은 세상 그 무엇과도 바꿀 수 없는 값진 시간인데, 저녁 식사까지 축하의 선물이라며 감동 그 자체를 맛보게 해준다. 정말 행복한 하루고 오늘을 준비해준 아내와 아들! 딸! 사랑한다.

설악산 비선대

_ 2021년 9월 20일 (월) / 공로연수 82일째

추석 나들이 3일째.

설악의 가을바람에 실려 오는 맑은 공기를 마시며 상쾌한 아침을 맞는다. 단잠을 물리치며 서둘러 준비하는 작은아들의 모습에 마음이 짠해지는 순간이다.

카페 출근을 위해 가족여행을 함께 마무리하지 못하고 먼저 나서야 하기 때문이다.

추석 연휴 시작인데 길을 나서는 작은아들과 아침을 먹기 위해 호텔 룸을 나섰다. 큰아들이 서둘러 준비를 하고 식당에 내려가 멋진 설악 가을 풍경이 보이는 창가 자리를 안내받아 기다리고 있다. 이른 시간에 먹는 아침이지만 흘러가는 구름을 산허리에 두른 설악산 권금성 풍경과 함께하니 그 맛이 남다르다.

아침 식사를 마친 작은아들의 출근길 기쁜 마음으로 배웅하고 설악산 케이블카를 타고나서 탐방로를 걷기로 했다. 큰아들

과 함께 바쁜 걸음으로 호텔을 나와 도로에 길게 늘어선 차량 행렬과 인도를 걷는 사람을 보며 추석 연휴를 실감했다.

매표소 앞에서부터 순서를 기다려 입장권을 사고, 설악산국립공원을 찾아 입장한 관광객 대부분이 케이블카를 타기 위해 기다리는 모습을 보며, 케이블카는 다음 기회로 미루고 등산로를 산책하기로 했다. 시간이 많지 않은 탓에 우리가 선택한 길은 비교적 짧지만, 설악의 백미인 비선대로 오르는 무장애 등산로다.

누구나 편하게 걸을 수 있는 길을 따라 오르니 주변 숲과 어우러진 흙길은 계곡을 흐르는 물소리와 조화를 이루어 눈과 귀를 즐겁게 몸과 마음을 편안하게 해준다. 숲 사이로 보이는 멋진 풍경과 가을 하늘에 취해 걷다 보니 커다란 바위산이 하늘로 솟아있다. 계곡물이 흐르는 커다란 바위에는 멋진 서체로 새겨진 비선대 글귀와 누구인지 알 수 없는 이름들을 보며 무언가를 남기고 싶은 인간의 욕심이 세월의 흔적으로 남아있다.

눈이 시리도록 푸른 가을 하늘과 숲속 상쾌함을 추억 상자에 담은 설악산 산책을 마치고 숙소에 도착해 출발준비를 마치고 호텔에 있는 카페를 찾았다. 호텔 전망 좋은 최상층에 자리한 카페의 야외 테라스에서 바라본 설악산 풍경은, 탁 트인 전망과 어울려 탄성을 자아내기에 충분했으며, 준비한 케이크를 먹으면서 2박 3일의 설악산 여행 마지막 날의 귀갓길을 시작했다.

돌아오는 길은 추석을 맞아 고향을 찾는 사람과 주말여행을 마무리하고 이동하는 차량으로 곳곳에서 정체되는 모습이다.

추석 연휴에 가족 모두가 함께한 은퇴 기념 가족여행은 지나간 41년이 남긴 흔적을 어루만지며 새로운 길을 찾아 나서는 아빠에게 큰 선물을 안겨준 멋진 여행으로 오래도록 기억될 행복한 시간이다.

사랑하는 아내와 아들과 딸!
고맙고, 사랑해… 그리고 영원히 잊지 않을게…

귀경차량 물결을 보며

_ 2021년 9월 21일 (화) / 공로연수 83일째

추석날 아침이다. 여느 때와는 다른 풍경으로 부지런히 짐을 챙긴다. 행복했던 2박 3일간의 설악산 가족여행을 마무리하고 큰아들 내외는 어제 오후 보금자리를 찾아갔다. 작은아들은 휴무인 덧에 아직 일어나지 않고 단잠에 빠져있다.

조금 늦은 아침을 먹고 순천으로 내려가기 위해 아들을 깨우니 벌써 내려갈 거냐고 묻는다.

'서둘러 내려가면 조금 수월할 것 같다.'라는 말에 피곤함을 떨치고 일어나 함께 아침을 먹고 우리를 배웅해 줬다.

오전 10시쯤 경부고속도로에 진입했다. 서울로 향하는 반대편 차선을 보니 벌써 정체가 시작되어 차량이 가다 서다가를 반복하며 서행하는 모습이다. 대전으로 향하는 차량도 점차 늘어나 수원을 지나며 교통정보 안내판에 천안까지 정체가 극심하다는 정보가 뜬다. 명절이면 TV 뉴스를 통해 보았던 설과 추석

연휴에 발생하는 짜증스러운 고속도로 정체를 직접 체험하는 시간이다. 비록 답답한 차량흐름이지만, 차분한 마음으로 차를 운전하면서, 이렇게 많은 차량이 한꺼번에 몰려 극심한 차량 정체를 겪으며 찾는 고향과 가족은 어떤 의미일까를 생각해보았다.

2021년 추석은 여러 가지로 의미가 깊다. 처음으로 추석 명절에 가족여행을 다녀오고 귀성과 귀경 행렬도 경험해 보았다. 41년의 공직생활 마무리에 맞이한 회갑을 여행지에서 온 가족이 준비한 축하파티로 함께했다. 아내와 결혼하고 맞이한 설과 추석 명절 중 34년 만에 처음 경험하는 즐겁고 보람된 추석이기에 너무 좋았다.

지나온 시간을 생각해보는 2021년 추석 여행이 마무리되었다. 돌아오는 길에 문중 묘를 찾아 성묘하고 국도를 따라 이동하면서 시골 마을에 펼쳐지는 정겨운 모습들을 볼 수 있다. 고향을 찾은 차량과 마을을 나서는 자녀들에게 손을 흔드는 모습을 보며 도착한 집에서 짐을 정리하며 생각에 잠겼다.

이제는 나의 시간이며 나의 삶이다. 나에게 주어진 인생 시계는 멈춤이 없는데 2021년 12월 31일 끝을 맺는 공직생활의 시계는 이제 멈춘다. 그리고 새롭게 시작되는 2022년 1월 1일 제2의 인생을 시작하는 시계가 기다리고 있다. 많은 변화를 경험하면서 욕심을 내려놓아야 한다는 마음이다.

오늘도 행복한 마무리에 감사드리며 마음의 평화를 초대하며 은퇴 가족여행의 글을 맺는다.

처가 추석 인사

_ 2021년 9월 22일 (수) / 공로연수 84일째

추석 연휴 마지막 날 처가에서 점심을 먹기로 했다. 장모님께서 지병으로 세상을 떠나신 후 명절에 찾는 처가 분위기는 허전하다. 아침부터 바쁘게 움직이는 아내의 손길이 오늘 점심을 준비하는 모양이다.

공무원 사위가 소원이신 장모님의 손에 이끌려 맞선을 보고 집안 장손에 장남인 나와 결혼하게 되었는데, 아내 또한 맏딸인 관계로 양가 집안 대소사에 항상 먼저 나서야 한다.

오늘 처가 추석 인사는 장인어른과 손아래 동서 가족 그리고 우리 부부가 함께하는 자리다. 아내가 준비한 음식에 추석 연휴 은퇴 가족여행 이야기를 듣던 처제는 부럽다고 하자 동서의 표정이 난감해졌다. '내년 추석에는 함께 여행 가자.'라는 제안에 '그러면 좋은데…'라는 말을 듣고 모든 일에는 때가 있다며 자리를 정리했다.

추석 연휴 마지막 날 오후. 그동안 정리하지 못한 집안일과 여행 뒷마무리로 바쁘게 움직이며 시간을 보냈다. 공로연수 일기를 쓰기로 마음을 먹고 하루의 일과를 적으며 마음을 다잡아 보지만 쉽지 않다. 추석 연휴를 지나며 나의 생활이 확 바뀌는 느낌이다. 일주일에 세 번의 서울행 배움의 시간이 마무리되고 다시 일상으로 돌아가 무엇을 할 것인가에 대한 선택의 시기다.

10월 초 계획된 창업지도사 시험과 그동안 소홀했던 요양보호사 강의를 들으며 하루하루 바쁘게 생활하고 있다. 하루 놀고 하루 쉬는 일과 속에 얼마든지 게으름과 나태함에 빠질 수 있지만, 마음가짐을 새롭게 해본다.

일과 중 반드시 지켜야 할 첫 번째 생활수칙을 '절대 낮잠 자지 않기'로 정했다. 이와 동시에 '일기는 반드시 쓰고 하루를 마무리하자.'라는 것이 두 번째 수칙이다. 버리고 간직해야 할 것들이 많지만 최소한 육체적으로는 '낮잠 안 자기', 정신적으로는 '일기 쓰기'로 정해 실천할 생각이다.

이제 마음의 여유를 부리며 살아도 될 시점에 와 있지만, 41년을 정리하는 3개월을 보내며 느낀 점은, 멈추는 시간과 새로 시작하는 시간이 지닌 의미가 끝과 시작을 연결하는 점에 불과한데, 마치 모든 것을 다 살아낸 것처럼 해서는 건강을 유지할 수 없다는 판단 때문이다. 돈을 바라보는 일은 서서히 밀어내고 건강을 지키는 일을 찾아 나서는 것이 가장 현명한 선택이라는 마음가짐으로 행동과 사고의 틀을 바꾸는데 필요한 것을 찾아야겠다.

선택한 일거리가 무엇이든 나를 찾는 즐겁고 행복한 일에 마음 설레는 지금이 소중하다.

추석 연휴를 마치고

_ 2021년 9월 23일 (목) / 공로연수 85일째

주말을 포함한 5일간의 추석 연휴를 보내고 맞이한 하루, 무언가 허전하다. 아내의 출근을 돕는 가정공헌형 일거리인 운전기사 역할을 오랜만에 수행하는 날이다.

설악산의 벚나무 가로수는 아직 푸르고 무성한데, 낙안읍성으로 가는 출근길 벚나무는 노랗게 물들어가지만 남아있다. 성큼 다가온 가을 분위기에 세월이 너무 빨리 흘러간다며 아쉬워하는 아내의 눈길이 내 얼굴을 스치고 지나간다. 긴 연휴의 뒤끝이라 출근하는 모습이 힘들어 보여 이틀만 지나면 주말이라는 말로 위로해 보지만 마음이 짠하다.

다른 날과 달리 오늘은 중간에 인근 마트에 들러 장을 봐야 한다며 함께 갈 것을 요청한다. 양손에 장바구니를 들고 들어가는 모습을 보며 '오늘도 행복한 하루'라는 인사를 나누며 차를 돌렸다. 앙상한 나뭇가지에 달린 노랗고 붉게 물든 나뭇잎을 보

며 가을향기 가득한 노래를 들으니 마음이 무겁다. 올여름 텃밭에서 수확해 정성껏 다듬은 고추와 가지를 가을볕 잘 드는 주택 마당에 펼쳐두고 정책단사무실로 향했다.

오랜만에 찾은 정책단사무실에서 메일과 공람문서를 살펴보고, 지난주 도착한 창업지도사 2급 교육수료증 사본과 시험 일정을 전달하고, 공로연수자 9월 모임에 대한 계획을 협의하는 등 바쁜 시간을 보냈다. 항상 느끼는 감정이지만, 무언가 바쁘게 움직이는 듯해도 들여다보면 느슨하고 평범한 일이다.

혼자 점심을 해결하는 날이 늘어난다. 이렇게 하는 것이 극히 정상이지만 아직은 낯설고 적응이 쉽지 않다. 간단히 점심을 먹고 오후에는 요양보호사 자격증 취득을 위한 오후반 강의를 듣기 위해 학원을 찾았다. 커피 한 잔을 들고 도착한 강의실에는 여사 수강생이 대부분이었다.

처음 듣는 오후반 강의로 수강생 대부분이 초면인 데다 역할이 없어 서먹하다. 강의는 상식적으로 알아두어도 매우 유익한 내용이 대부분으로 생활 주변에서 자주 볼 수 있는 상황이다. 기본적인 처리 과정에 대한 설명과 원칙들이 정리되어 있었다. 오랜 시간 현장 경험을 지닌 강사님의 강의는 현장감을 더한 사례가 소개되면서 변화를 거듭하고 있는 의료 환경의 발전을 공감하게 되었다.

아내의 퇴근길 동행을 위해 이동하면서 지금의 시간이 나에게 어떤 의미를 부여하는지 그리고 무엇을 찾아가는 것인지에 대한 생각들을 정리해본다. 지금 나는 41년의 공직생활을 마무리하면서 올해 12월 말 퇴직을 앞두고 있다. 흔히 말하는 인생 2막을 준비하는 소중한 시간인 것이다.

아파트 엘리베이터에서 만난 퇴직한 선배의 말이, 지금 내가 무엇을 고민하는지 들여다본 듯…
"2년간 등산모임 등으로 살다가 요즘 일을 하니 너무 좋네."라며 밝게 웃는다.

경청과 공감

_ 2021년 9월 24일 (금) / 공로연수 86일째

맑고 높게 열린 가을 하늘이 곱다. 출근길에 나서는 사람들의 발걸음이 분주하다. 불과 몇 달 전 나의 모습인데 다른 세상인 듯하다. 무엇을 할까 고민하는 날이 늘면서 무기력해질 수 있음을 경계하는 마음으로 시작한 독서가 많은 것을 느끼게 해줬다.

공로연수 시작 86일째다. 일기를 쓰면서 시간의 소중함과 일에 대한 가치를 느끼는 기록을 남기고 있다. 시작하지 않았으면 느끼지 못했을 만남과 기록들 그리고 느낌을 고백하는 심정으로 쓰면서 잔잔하게 흐르는 내면의 나를 찾아가는 귀한 시간이다.

오후에는 요양보호사 강의를 듣기 위해 교육원 강의실에 앉았다. 오늘이 오후반 마지막 수업이라는 것을 알고서 아쉬움이 불안감으로 바뀌었다. 생활 속 건강 상식을 배우는 재미와 시험을 준비하기에 적당한 시간이었는데 일과를 다시 수정해야 할 상황이다.

오늘 강의에서 경청과 공감, 좋은 경청 그리고 공감 능력에 대해 이해하게 되었다. 경청은 다른 사람의 말을 주의 깊게 들으며 공감하는 능력이다. 더욱더 중요한 좋은 경청이란 단순히 잘 듣는 것이 아니라 상대방이 말하려고 하는 의미를 잘 파악하고 이해하는 것이다.

'공감이란 상대방이 하는 말을 상대방의 관점에서 이해하고 감정을 함께 느끼며 자신이 느낀 바를 전달하는 것을 의미했다. 즉 공감 능력은 나는 당신의 상황을 알고 당신의 기분을 이해한다고 다른 사람의 상황이나 기분을 같이 느낄 수 있는 능력을 말한다.'라고 교재에 기술되어 있다.

좋은 경청이란 '상대방이 말하려고 하는 의미를 잘 파악하고 이해하는 것'. 공감 능력은 '다른 사람의 상황이나 기분을 같이 느낄 수 있는' 것을 알게 되었다. 인간관계에 있어서 경청과 공감을 잘해주는 것만으로도 사람 됨됨이는 물론 직장생활을 하는 동안 조직에서 평가는 큰 차이를 나타낸다는 것을 알면서 실천하기 쉽지 않다.

좋은 경청과 공감 능력에 대한 나의 점수는 몇 점일까? 가족에게, 지인에게, 그리고 사회생활을 하면서… 나를 들여다보는 시간이다.

궁하면 통한다

_ 2021년 9월 25일 (토) / 공로연수 87일째

하루를 여는 해 솟음의 기운을 안고 운동장으로 향한다. 순천 만국가정원을 바라보며 이동하는 이 시간 동녘 하늘에 벌겋게 번져가는 빛의 물결은 아름답고 황홀할 뿐이다. 이 순간을 혼자 바라보기엔 너무 아쉽지만, 이곳을 지나는 사람은 혼자다. 새벽 시간 운동을 위해 이동하다 보면 자주 목격하는 광경이다. 차를 세우고 스마트폰에 담기도 하지만 서서히 차를 타고 이동하면서 바라보는 것은 더욱 몽환적인 분위기에 빠져들었다.

지난밤 쉽게 잠들지 못해 피곤했지만, 토요일 새벽이 되면 운동장을 향하는 모습에 '바로 이런 일을 찾아야 하는데…' 이렇게 활력을 주는 축구와 관련된 일, 그중에서도 운동장을 뛰면서 함께 호흡하고 땀 흘리는 일을 찾기란 쉽지 않다는 생각에 내려놓은 상태이다.

오늘 운동장에 새로운 얼굴들이 보인다. 추석 전 신규 임용된

새내기 후배들과 함께 호흡하며 땀 흘려 운동하면서 30년 전 나의 모습이 떠오른다. '젊음이 참 좋구나' 생각하며 가쁜 숨을 몰아쉰다. 위드 코로나 상황이 되어 다시 마음 놓고 운동하고 다 함께 어울려 아침을 먹을 수 있으면 좋겠다.

오후에는 주택에 들러 그동안 미루어둔 일들을 정리하며 바쁜 시간을 보냈다. 모아둔 재활용품을 분리하고 배출 용기에 담고 종이상자는 수거하시는 어르신이 손쉽게 가져갈 수 있도록 대문 앞에 놓아두고 잠시 후 돌아와 보니 누군가 가져가신 듯하다.

빈 병과 비닐 등 재활용품은 아파트 분리수거함에 배출하기 위해 승용차 트렁크에 실었다. 깨끗해진 집안을 살피며 잠시 여유를 부리며 앉아있는 그 순간 '양파 좀 손질해 달라'는 목소리가 들린다. 아차, 싶었지만 이미 기선을 뺏긴 상황이라 그 일을 해야 하지만 양파 까는 것은 정말 힘들다. 마늘과 양파를 까는 일이 번거롭기도 하지만 일하는 동안 눈이 매워 눈물을 흘려야 하는 고통이 뒤따르기 때문이다.

이왕 하는 것 즐거운 마음으로 하자고 마음먹고 "남아있는 양파를 모두 손질해 주겠다."라고 했더니 "그렇게 해주면 땡큐!"라며 아예 양파 주머니를 가져다주며 웃는다. 아뿔싸, 양파 주머니에 남아있는 양을 확인하지 못한 탓에 오늘 제대로 임자를 만났다. 양파를 손질하는 동안 요령이 생겨 손질한 껍질을 그때그때 치우면서 하니 눈 매운 것이 조금 덜하다는 것을 알았다.

궁하면 통한다는 말처럼 무슨 일이든 일단 부딪혀 방법을 찾으면 할 수 있다는 지혜를 배웠다.

봉화산 둘레길에 내린 가을

_ 2021년 9월 26일 (일) / 공로연수 88일째

아침을 먹으며 바라본 가을하늘이 너무 예쁘다.

"오늘 봉화산 둘레길 걷고 웃장 국밥 먹으러 갈까요?"

"그러면 너무 좋지. 오늘 날씨도 너무 좋은데 운동도 하고 점심도 먹고"

10월 첫 주말에 친구들과 부부동반으로 조계산 등산을 하기로 했다. 평소 걷기를 좋아하는데, 올여름에는 여러 가지 일로 운동을 게을리한 탓인지 힘들어하는 듯해서, 둘레길 걷기를 함께하자고 했는데, 아내도 조금은 걱정된 듯 준비를 서둘렀다.

등산용 작은 가방에 물과 과일을 준비해 집을 나서면서 보니 가을 하늘이 너무 예쁘다. 죽도봉 주차장은 빈 곳이 없을 만큼 가득 차 '이렇게 많은 차가 주차된 모습은 처음'이라며 오늘 산에 오길 정말 잘했다는 모습에 흐뭇했다. 가을을 맞아 좋은 날씨 탓인지 건강을 위해 봉화산 둘레길을 걷는 동안 많은 사람을

만날 수 있었다.

가벼운 옷차림에 생수 한 병이면 충분한 시내 중심에 있는 봉화산 둘레길은 대부분의 등산로가 그늘인 탓에 더운 여름에도 많은 시민이 찾는 건강 등산로다. 다정히 손잡고 함께 걸으며 본 가을 하늘은 높고 아름다웠지만, 추석 여행을 떠올리며, "설악산에서 본 가을 하늘이 정말 예뻤는데…"라며 걸음을 재촉한다. 둘레길 곳곳에 쉼터가 있어 잠시 쉬어가는 시간에는 준비해 온 과일과 함께 가을 산행의 맛을 느끼며 두 시간을 걸었다.

주차장에 도착해 등산로 입구에 설치된 먼지떨이 기계에 옷에 묻은 먼지를 털어내며 가볍게 운동하기에는 너무 좋은 둘레길이라며 기분 좋은 산행을 마무리했다. 대한민국 생태수도 순천은 도심을 둘러싼 가까운 산에 가벼운 옷차림으로 산행을 할 수 있도록 잘 정리된 등산로가 많이 있으며. 순천만국가정원에도 새벽부터 늦은 밤까지 걷기 운동을 할 수 있어 시민의 건강을 지키는데 큰 몫을 하고 있다.

선선한 가을 날씨 탓인지 점심을 먹기 위해 찾은 웃장 국밥집에도 손님들로 붐비는 모습이다. 평소 찾는 국밥집에 대기 줄이 있는 것을 보니 정말 많은 사람이 가족과 함께 가을 나들이에 나선 듯 웃장 국밥집 대부분이 문전성시를 이루어 겨우 자리를 차지할 수 있었다. 웃장 국밥 골목에 이처럼 많은 사람이 걸음하는 것은 대부분의 국밥집이 평균 이상의 맛을 지니고 있기 때문이다. 또한, 국밥을 주문하면 수육 한 그릇을 공짜로 주는 탓에 전국의 국밥 마니아들이 꼭 와보고 싶어 하는 장소다.

또 다른 재미는 국밥집마다 독특한 국물 맛을 지녀 골라 먹는 맛이 있는데 공짜 수육은 2인 이상일 때 제공된다.

가을이 흐르는 봉화산 둘레길을 걷고 먹는 국밥 한 그릇… 가을 햇살과 바람을 온몸으로 느끼며 텃밭을 가꾸는 아내의 손길… 세차하면서 바라본 고운 가을 하늘, 너무 행복한 시간이다.

전직 지원 기쁜 소식

_ 2021년 9월 27일 (월) / 공로연수 89일째

"내년부터 함께 일할 수 있는 전직 지원 인력풀에 포함하여 관리하겠습니다."

전직 지원 컨설턴트 교육 중 면접을 보았던 대한민국 전직 지원의 새 장을 열어가는 '이음길' 관계자에게 통보받은 소식이다. 기쁜 마음으로 "부족한 부분 채워가며 준비하겠다."라는 다짐과 "열심히 해보겠다."라는 감사 인사를 드렸지만 설렘만큼 걱정이 앞선다. 처음 걷는 길에 대한 막연한 희망과 일을 하면서 겪어야 할 변화된 환경을 예측하기 힘들다고 생각하기 때문이다.

하지만 아무런 고민 없이 맞이한 공로연수를 시작하며 퇴직 후 일거리에 대한 출구를 찾아 나서던 때를 생각하면 행복한 고민거리를 만든 것임은 분명하다.

시작할 것이냐 조금 더 시간을 갖고 하고 싶은 일거리를 찾을 것인지에 대한 선택이 순전히 나의 몫이라면 부족한 부분을 채

워나가는 것이 과제인 상황이다.

이제 결심만 하면 일을 할 수 있다. 가장 먼저 걱정을 함께해준 아내에게 소식을 전하고 그동안 길을 열어주고 가르침을 주신 분들과 가족에게 감사의 인사를 나누었다. 아직 남아있는 공로연수 기간 조금 더 여유를 갖고 준비하라는 격려와 당부를 담은 축하 메시지를 보내왔다.

매일 아침, 출근길을 아내와 함께 나서 주택에서 일과를 시작한다. 따뜻한 모닝커피 한 잔을 마시며 여유로운 마음으로 책상에 앉아 신규임용예정자 교육 때 배부된 '순천 이야기' 책을 펼쳐 읽으며 깜짝 놀랐다.

순천 지명에 얽힌 역사 이야기를 지역 출신이 아닌 순천에서 생활한 지 5년째인 저자가 쓴 책을 읽으며 부끄러운 생각과 함께 한 줄 한 페이지에 담긴 내용에 더욱 놀랐다. 순천에서 태어나 60년을 살았고 역사와 문화재를 관리하는 업무를 맡아 2년간 일했지만 큰 관심을 끄는 역사적 사실을 알기 쉽도록 정리한 점에 흥미가 느껴졌다.

오후에는 올해 두 번째로 개최되는 순천창업아이디어경진대회 3일 차 발표 현장을 찾았다. 일자리경제국장으로 일하면서 처음 개최한 2019년 창업아이디어경진대회의 아픈 경험을 담아 준비한 대회로 현장을 찾은 감회가 새롭고 흥미로웠다. 경진대회 참가자 수준과 대회 진행에 관심을 지니고 몇몇 참가자의 발표를 듣고 향상된 대회라는 느낌을 받으면서 대회장을 나왔다.

많은 일을 하다 보면 유난히 힘들고 아픈 기억이 있는 일이 있다. 하지만 이런 일들이 시간과 노력을 기울인 만큼 변화과정을 거쳐 아픈 만큼 보람이 찾아오는 순간이면 '이 맛에 일한다.'라는 일 중독의 의미를 알 것 같다. 오늘 찾아온 소식이 무더운 여름 서울을 오간 보람이라면 기쁜 마음으로 받아야겠다.

국민지원금

_ 2021년 9월 28일 (화) / 공로연수 90일째

공로연수 동기의 모임인 시정발전정책연구단 모임이 있는 날이다. 이른 시간 정책단사무실에 도착해 참석한 동료들과 추석 명절 등에 관하여 이야기를 나누다 보니 자연스럽게 국민지원금에 대한 반응을 듣게 되었다.

자리를 함께한 공로연수자 대부분이 국민지원금을 받지 못한 12%에 포함된 반응이다. 가장 억울한 점은 부모님이나 자녀 등이 의료보험 피부양자에 등재되어 주거를 달리하고 있는데도 미지급 대상이 된 것에 관한 의견과 유리 지갑인 직장인의 상대적 박탈감에 대한 합리적이지 못한 부분에 관한 아쉬움이다. 국민지원금에 대한 여론은 금액을 줄여 국민 모두에게 혜택을 주자는 의견이 대세인 듯하다.

오늘은 장인어른을 모시고 동사무소에 국민지원금을 신청하러 가기로 했다. 회의를 마무리하고 장인어른을 만나 오랜만에

점심을 먹으면서 안부를 살폈다.

추석 전과 지난주에는 국민지원금을 신청하기 위해 많은 사람이 동사무소를 방문한 관계로 매우 혼잡하고 주차장에 텐트를 치고 방역수칙을 준수하며 기다리는 모습을 보았다.

추석 전후 많은 시민에게 국민지원금을 지급한 탓에 오후에 찾은 동사무소는 상대적으로 여유로웠다. 안면이 있는 몇몇 직원을 만나 인사를 나누고 고생한 후일담을 들으며 위로의 말을 전했다. 국민지원금을 순천사랑 상품권으로 받은 탓에 장인어른께는 현금으로 바꿔 전해드렸다. 흐뭇해하는 장인어른의 표정을 보며 밀린 숙제를 마무리한 듯 보람이 느껴지는 기분이다.

이번 주 토요일에 계획된 창업지도사 시험 준비를 위해 자료를 정리하는 시간이다. 강의를 듣고 책에 수록된 예상문제를 정리한 시간이 꽤 지나서인지 기억이 흐릿하다. 처음 시작하는 마음으로 기억을 더듬으며 가장 무식한 공부 방법인, 막고 푸는 방식으로 준비한 노트에 문제를 다시 정리해 나가기로 했다.

한계인지 미련한 건지 모르지만 한 과목을 정리하고 다음 과목으로 넘어가면 머릿속이 다시 혼란스러워지며 복잡해진다. 하지만 이렇게 공부해서 시험을 보면 우수한 성적은 아니지만, 평균 이상의 성적은 유지한다는 경험이 있기에 무조건 한 과목씩 마무리한 후 반복에 반복을 거듭할 계획이다.

늦은 오후 인사부서 직원에게 전화가 왔다. 10월 초 신규임용 예정자 교육이 있는데 선배공무원과의 대화시간에 강의를 다시 요청하는 것이다. 지난 9월에 강의가 인상적이었다며 꼭 해주셔야 한다는 부탁에 수락하고 말았다. 지난번과 똑같이 할 수도 없고 특별하게 준비할 게 없는데 또 다른 고민거리를 만들고 말았다. 좋은 자리이고 경험을 쌓을 기회라 생각하고 어떻게 강의할 것인지 도전해 보자.

퇴근 후 집에 도착한 아내의 기분이 좋아 보인다. 장인어른을 모시고 점심과 재난지원금 수령을 함께 다녀온 것에 고맙다는 인사와 함께…….

가을비 젖은 귀뚜라미

_ 2021년 9월 29일 (수) / 공로연수 91일째

가을비 내리는 소리에 잠을 깬다. 밤새 들리던 귀뚜라미 울음소리가 더 가까이서 크게 들린다. 내리는 가을비를 피해 평상 아래쪽에 자리를 잡은 듯 참 듣기 좋은 자연의 소리다.

늦여름 텃밭에 심은 가을배추는 간간이 내리는 비 때문인지 물을 주지 않아도 잎이 무성하게 자라는데 친환경으로 기르다 보니 온 동네 메뚜기가 우리 집 텃밭으로 모인 듯하다. 이렇게 키워도 절반 이상은 남겨주어 이 배추로 김장을 하면 일 년은 거뜬히 먹을 수 있으니 손해 보는 장사는 아니다. 내리는 비에 양철 빗물받이 쇳소리와 넓게 품을 벌린 배춧잎에 내리는 빗물 소리가 천상의 화음을 이루는 행복한 아침이다.

기분 좋은 아침인 만큼 오늘은 창업지도사 시험을 위한 요약 노트 정리를 끝내야겠다. 강의 내용을 요약집 위주로 정리해 나가는데 교재 순서와 다르게 배열해 설명되어 계획한 대로 마무

리되지 못하는 상황이다. 한 과목 마무리에 두 시간 이상 집중하다 보니 조금 예민해지는 것을 느낀다.

불합격 통보를 받은 직업상담사 자격증 시험을 경험한 탓인지 쉽게 넘어갈 상황이 아니라는 생각이 들면서, 집중해서 공부하는데도 자신감이 고개를 수그린다. 국가자격증을 비롯한 모든 자격증 시험이 대충 준비해서 되는 것이 하나도 없다는 것을 또다시 실감한다.

오후가 되면서 다시 굵어지는 빗줄기를 보며 조금은 걱정이 된다.

가을에 내리는 많은 비는 가을걷이를 앞둔 농촌에 근심을 안겨줄 뿐 도움이 되지 못한다. 그런데 묘하게도 굵어지는 빗방울 보며 조금씩 무뎌져 가는 생각에 마음이 쓰인다.

이제는 나의 핸드폰에 태풍과 호우 등 상황에도 비상 문자가 오지 않는다.

굵어지는 빗줄기를 바라보다 빗물받이에 차오른 빗물을 이용해 집 마당과 대문 등 물청소를 시작했다. 내리는 비의 양이 많은 탓에 양동이 가득 물을 담아 바닥에 퍼부어도 금방 차올라 넘쳐흐르는 빗물받이를 바라본다. 살아오는 동안 내 인생의 빗물받이에 빗물이 넘쳐흐른 때가 있었을까?

늦여름과 초가을 길목에 찾아온 늦장마와 태풍의 영향으로 콘크리트 바닥에 물이끼가 생겨 지저분하다. 내친김에 바닥 솔질로 물이끼를 벗겨낸 다음 물청소를 한 후 깨끗해진 모습을 보니 마음이 후련해진다. 퇴근해 집에 들어온 아내의 "온 집안이 깨끗해 너무 좋다"는 칭찬에 기분이 으쓱해진다.

비 오는 날에는 왠지 중국요리가 먹고 싶어진다. 입맛이 당기면 먹자. 가끔 중국집에서 먹던 고추잡채를 비 오는 날 집에서 주문해 꽃빵과 함께 먹는 맛이 꿀맛이다. 자연이 선물하는 모든 것에 감사하는 마음으로 하루를 돌아본다. 깊은 밤, 어둠 속에 들리는 정겨운 귀뚜라미 소리와 촉촉이 비에 젖은 가을밤이 깊어간다.

점심과 저녁 약속

_ 2021년 9월 30일 (목) / 공로연수 92일째

새벽까지 내리던 가을 빗님이 오락가락 추적거리더니 아침 햇살이 나면서 가을의 따스함을 선물한다.

어느덧 9월의 마지막 날. 눈 감았다 뜨면 하루가 지나는 것처럼, 세월은 쉬지 않고 정말 빠르게 지나간다는 생각이다.

「은퇴 후, 40년 어떻게 살 것인가」(전기보, 미래지식) 중 '은퇴 후 달라지는 것들'을 읽으며 옮겨본다. 퇴직하면서 많은 것 중 상실하는 것 3가지는 권력과 전문성 그리고 돈이라는 것이다.

〈상실하는 것 3가지 중 그 첫 번째가 '권력의 상실이다. 직책으로 누릴 수 있었던 모든 것들이 퇴직과 동시에 사라진다.'라는 것을 절감하는 시점에 와있다.

흔히 말하는 '전관예우'라는 것으로 그 효력은 오래가지 못한다.

호랑이 등이라는 말이 있다. 호랑이 등에 올라탄 사람은 모든

짐승이 호랑이 등에 탄 모습 때문에 피하는 것을 자신이 무서워서 피하는 것으로 착각하는 것과 같다. 그만큼 권력을 상실함과 동시에 사회에서의 대우는 확연히 달라진다〉

스마트폰 캘린더에 점심과 저녁 약속이 있는 매우 드문 날이다. 공로연수 절반을 지나는 시점에서 많은 변화가 스스로 내려놓게 하면서 철이 들었다. 오늘 점심은 30년 전 저전동에서 함께 근무했던 사람들로 지금은 모두 퇴직한 동료다.

코로나 19 이후 1년 만에 만나는 자리고 각자의 방식대로 활기찬 삶을 살아가고 있다. 서로의 안부를 물으며 농사 정보와 손주 돌봄에 관한 이야기로 시간 가는 줄 모른다.

모임 후 창업지도사 시험 준비를 위한 자료정리와 신규임용 예정 공무원과 대화를 위한 PT 자료 수정을 마무리했다. 함께 시험에 응시하는 동료에게 준비한 자료를 선하며 서로의 합격을 응원해주었다. 정리된 자료를 보며 연습문제를 풀어보며 부족한 부분이 많음을 느끼지만, 끝까지 최선을 다해 준비하고 결과를 겸허히 받아들이자는 마음 다짐을 해본다.

저녁에는 같은 날 일자리경제국으로 발령받아 공로연수와 승진으로 함께 국을 떠나온 최광수 향동장과 그 간의 정과 서로에 대한 고마움을 나누는 뜻깊은 자리를 부부동반으로 함께했다.

기분 좋은 만남의 자리를 마치며 "오늘 너무 좋았다며 축하드린다."라는 인사로 감사의 마음을 전하는 표정이 밝다.

높은 습도 탓에 조금은 더운 듯한 날씨가 저녁에는 선선해지면서 걷는 발걸음이 가볍다. 좋은 사람과 고마움을 나눈 탓에 넉넉해진 마음으로 가을밤 기우는 달을 보며 나를 아는 모든 사람의 평화를 빌어 본다.

창업지도사 시험 준비

_ 2021년 10월 1일 (금) / 공로연수 93일째

10월을 시작하는 첫날. 내일 응시하는 창업지도사 시험 준비를 끝내야 하는 힘든 일로 시작하게 되었다. 평소 조용한 주택가인 탓에 시험공부를 위해 책상에 앉았는데 아침 일찍부터 앞집 지붕을 오르내리는 사람의 모습과 이어 판석 지붕을 두드리는 소리가 들려온다. 처음에는 크게 들리지 않던 소리가 이어지면서 공부에 집중하기 힘든 상황이다.

'가는 날이 장날이다.'라는 말처럼 평소 조용하던 주택가에서 들리는 지붕 판석 두드리는 소리에 더는 공부하기 힘들어 책을 싸 들고 장소를 옮겼다.

하루의 시작이 매끄럽지 못한 탓인지 책을 보는 동안 머릿속이 점점 복잡해지는 기분이다. 이럴 경우를 대비한 나름 터득한 공부에 집중하는 방법이 있다. 내일 치르는 시험과목은 4과목으로 객관식과 주관식이 혼합되어 출제되는 방식이다. 과목별

핵심정리가 혼란스러워 한 과목씩 그리고 객관식과 주관식을 동시에 하는 것보다 주관식에 집중하면서 정리해 나갔다. 연습문제에 정답을 달고 몇 번씩 반복하고 쓰면서 외우다 보니 조금씩 집중도가 높아진다. 마지막 정리는 연습문제를 잘라 준비된 노트에 주관식과 객관식 노트를 따로 만들어 정리하며 시험 준비를 마무리했다.

저녁을 준비하는 아내의 한마디,

"이번 시험은 다시 준비하는 일이 없겠지요?"라며 지나간 아픈 상처를 들추며 경쟁심을 부추기듯 격려의 말을 건넸다.

공로연수 기간 중, 세 번의 국가 자격 시험에 도전했다.

첫 도전 실패의 경험을 되풀이하지 않기 위해 최선을 다하고 있지만, 과정보다는 결과가 중요하기 때문에 긴장의 연속이다. 하지만 이러한 도전과 준비과정 또한 묘한 긴장감과 생활의 활력소가 되는 듯하다.

아내가 저녁을 준비하는 동안 함께 근무했던 직원으로부터 기분 좋은 전화를 받았다. 전라남도 전입시험에 합격해 전남도 전출 인사발령을 받았다는 안부 인사와 작별인사에 나의 일처럼 기분이 좋았다. 41년의 공직생활 동안 아쉬움으로, 아내의 말을 듣지 않아 후회되는 일로 남아있는 신혼 초 전남도청으로 가지 않은 것이다.

공직생활 경험에 비추어보면 기초지자체보다는 광역지자체 공무원이, 한 발 더 나가 중앙부처 공무원이 여러 가지 측면에서 성취감이 크다는 것을 후배공무원에게 강조했는데 그것을 실천한 후배의 전라남도 전출 소식에 축하와 격려를 보냈다.

인생에 정답은 없으나 크게 보아야 더 큰 생각을 할 수 있다는 생각이다.

창업지도사 시험

_ 2021년 10월 2일 (토) / 공로연수 94일째

두 번째 자격증 시험인 창업지도사 시험을 보는 날이다. 시험장소가 서울인 관계로 새벽 일찍 준비해 용산행 KTX를 타고 간다. 기차로 이동하는 동안 아직은 어둠이 깃든 창밖 풍경에는 관심을 두지 않고 관심을 둘 여유가 없다. 5과목 연습문제 복습과 함께 주관식 머릿속 암기에 중점을 두고 벼락치기 마무리 중이다.

특실 1인 좌석을 예약해서 옆자리가 없어 좋은데 옆줄에 앉은 부부가 눈길을 준다. 중얼거리며 메모지에 쓰고 책을 넘기는 모습이 신기한 듯 바라보다 눈이 마주치자 응원을 보내는 모습에 미소로 화답했다.

아직도 헷갈리는 주관식 연습문제를 집중공략 하며 미친 듯이 연습장에 반복해서 쓰며 입으로 되풀이해 보지만 다음 과목으로 넘어가면 이상하게 꼬인다. 나의 한계를 인정하며 도착한 용산역에서 시험시간까지 2시간의 여유가 있는 상황이다. 시험

장소는 다행스럽게 지방에서 이동하는 수험생을 고려해 용산역 인근이라 마음이 놓인다.

빈속을 달래고 뇌에 에너지를 공급하기 위해 찾은 식당에서 새로운 계절 메뉴가 구미를 당기지만 만약을 대비해 익숙한 익힌 메뉴를 먹으며 다시 한번 복습을 시작한다. 시험장 가까운 곳에 있는 LS용산타워를 쉽게 찾을 수 있어 일이 술술 풀리는 기분 좋은 상태다. 이대로 쭈욱~ 이라는 마음의 응원을 보내며 지정된 자리에 앉아 마지막 정리에 들어갔다.

함께 시험을 보는 사람 대부분이 젊은 청년이라는 사실이 묘한 성취감을 주는 시간이다.

답안지와 시험지가 배부되고 수험번호를 적으며 제1과목 첫 문제를 살펴보며 생기는 자신감. 더불어 마음속에 번지는 미소에 고생한 보람을 만끽하며 '이 맛에 공부한다.'라는 기분이 무엇인지 알 것 같다. 빠르게 풀어가며 정답을 체크 하는데 마음속 빨간펜 동그라미가 늘어가며 막힘과 고민이 없는데, 주관식 답을 적는 동안에는 정말 기분이 좋았다. 예상하지 못한 몇몇 문제를 제외하고는 4과목 180문제의 답을 체크 하는데 60여 분 정도다. 차분하게 답안지에 마킹 하면서 주관식은 또박또박한 정자체로 답을 적었다.

그런데 갑자기 헷갈리는 주관식 문제가 생겼다. 외웠던 답이 혼동을 일으켜 'CS Code'라고 적은 답이 CS/GS/LS로 갑자기 헷갈린다. 일단은 머릿속 잔상이 많은 'GS Code'로 답안지를 제출하고 나와 궁금증을 참지 못해 찾아본 노트에는 'HS Code'이다. 한 문제 틀렸다는 것과 함께 슬며시 마음속 미소가 번진다.

생각해보니 시험장소인 LS용산타워를 머릿속에 두고 건물을 찾아 이동하다 보니 알파벳이 혼동을 일으켜 엉뚱한 방향에서 기억력을 동원한 것이다. 준비한 만큼 만족한 시험이기에, 모든 일에 최선을 다하자고 거듭 다짐해 본다.

나만의 공간 '德山齊'

_ 2021년 10월 3일 (일) / 공로연수 95일째

공직 41년을 마무리하며 이곳저곳에 옮겨두었던 책과 기록들을 한 곳으로 모으는 날이다. 공로연수 시작과 함께 전직 지원 컨설턴트 교육을 위해 오르내리며 바쁘다는 핑계로 미뤄온 숙제를 저전동 집에서 정리하기로 했다.

먼저 버려야 할 것과 지닌 책, 시간과 정이 담긴 기념물을 정리할 공간부터 마련했다. 방치 수준에 가까운 책상과 책장 재배치를 위해 책과 짐을 한 곳으로 옮기면서 추억이 깃든 손때 묻은 기념품과 추억록, 사진들을 들춰보니 기억이 새록새록 떠오른다. 기다란 3단 책장 2개와 원목 책꽂이 그리고 전축과 책상들. 배치가 쉽지 않다. 여러 번 위치를 바꾸다가 결국 서재의 책상머리를 중심으로 공간 구성을 마무리했다.

책과 기념패, 업무일지 등 아직은 버릴 수 없는 기록물들을 중심으로 책장을 정리하면서, 버리지 못하고 간직한 많은 것이 시

간이 지나면 또 어떻게 될지 생각해본다. 한때는 꼭 필요했던 것들이 시간이 지나면서 버려지는 모습들이 인생으로 비친다.

조금씩 정리가 되니 어지러웠던 공간이 머무르고 싶은 공간으로 변해간다. 공간이 바뀌면 서재에 머무르는 시간이 많아질 것이다. 바라던 바다.

오후 늦게야 정리가 끝났다. 아내는 바뀐 구조에 만족한 표정이다. 서재에 앉아 차담을 나누면서, 이번 기회에 집 이름도 짓고 현판도 달아보면 어떨까 제안했더니 흔쾌히 동의한다. 일단 내 아호를 딴 '덕산재(德山濟)'로 부르기로 했다. 부르기 쉽고 어감도 좋은 만큼, 이곳에서 좋은 일을 만들어나가자고 아내와 뜻을 모았다.

땀 흘려 정리한 공간을 보니, 7년 전 저전동 주택을 구매할 때가 생각난다. 공인중개사사무소를 운영하는 친구와 운동을 마치고 돌아오던 중, 별 뜻 없이 저전동쪽에 주택이 있었으면 좋겠다고 오래전부터 생각해 왔다며 소개를 부탁했다. 친구는 3년 정도 비어있는 주택이 하나 있는데 상태가 좋지 않으니 위치와 땅만 살펴보라는 조언과 함께 나를 곧장 현장으로 안내했다.

방문한 주택의 외양은 거의 폐가 수준이었으나 골격은 비교적 양호했다. 일부 살림이 남아있는 내부와 화단의 상태는 시내 중심이라는 점을 감안하면 다소 심각해 보였다. 그러나 입지 조건이 꽤 마음에 들었다.

많은 고민 끝에 마련한 집이 이제 인생 제2막을 열어가는 활력의 공간으로 바뀌고, 꿈을 키우는 소중한 곳이었다. 나의 인생 철학인 '꿈을 갖고 꾸준히 찾으면 반드시 기회는 찾아온다.'라는 것을 일깨워주는 제2의 보금자리다.

꿈꾸지 않고 도전하지 않으면 어떤 일도 일어나지 않는다. 무의미한 인생과 다를 바 없다. 꾸준히 도전하는 과정을 통해 인생의 참 멋과 성취감을 맛보면 세상도 더 살맛나게 보일 것이다.

'德山濟'를 꾸며가는 오늘 하루가 너무 행복하다.

이백회 가을 소풍

_ 2021년 10월 4일 (월) / 공로연수 96일째

맑은 가을 하늘.

개천절 대체공휴일 3일 연휴의 마지막 날, 아침 운동을 위해 운동장을 찾았다.

국가정원이 보이는 운동장에서 상쾌한 아침 공기를 마시며, 가볍게 땀을 흘리고 후배들과 운동장을 뛰며 파이팅을 외쳤다.

기분 좋은 2대 1 패스로 오랜만에 골 맛을 느껴 기분 좋게 운동을 마무리하고 조금 빠르게 집으로 돌아왔다.

오늘은 백수 동창 모임에서 산행을 한 후 점심을 먹기로 했다. 부부가 함께 산행하면 좋을 것 같다는 의견에 나를 포함한 세 사람이 부부동반으로 참석해 화기애애한 자리가 되었다. 이렇게 좋은 가을날 봉화산 둘레길 산행을 함께 하는 것이 그리 즐거운지 집을 나서는 아내의 얼굴이 싱글벙글한다.

"운동하고 몇 시까지 올 거냐?", "지난번처럼 아침 운동 많이

해서 힘들다고 하지 말고 조금만 해라", "어떤 옷 입을 거냐?", "가방에 간식은 뭘 챙길까?" 등 출발하는 순간까지 가을 소풍 나서는 기분으로 집을 나섰다.

함께 모여 출발하기로 한 업동저수지 주차장에 우리가 제일 늦게 도착했다. 주변 도로와 공원 주차장에 차량이 많은 것을 보니 좋은 날씨에 산행에 나선 사람이 꽤 많이 보였다. 산행을 준비하는 동안 평소 만남이 있는 여자들은 벌써 하나가 되어 안부 인사를 시작으로 수다 삼매경에 빠진 듯 시끄럽다. '저렇게 할 말도 많고 저리 좋을까'라는 남자들의 목소리에는 관심조차 없다.

평지나 다름없는 임도를 따라 걷다 간식도 먹고, 많은 이야기를 나누며 산행을 마무리 짓고, 예약한 식당에서 꿀맛처럼 달콤한 점심을 먹고 차를 마시며 모임을 마쳤다. 집에 돌아온 아내의 모임 소감은 "오늘 걸었던 등산로가 너무 좋다. 매주 한 번씩 가자"이다. 이제 매주 한 번은 봉화산 둘레길 걷기를 해야 일주일이 편안할 것 같다.

오후에도 지난주 함께한 모임에서 말한 능이버섯 전어회를 준비해 회원 모두 부부동반으로 참석해 저녁 식사를 함께했다. 부부가 참석하는 모임에서 회의는 남자들이 하고, 세상 살아가는 이야기를 주도하는 것은 여자들인 듯하다. 2년 만의 만남의 자리에 언니와 동생으로 시작해 가족 같은 분위기가 되어 자리를 마무리하는 데 어려움이 많았다.

아침 운동을 시작으로 친구들과 봉화산 걷기, 함께 근무했던 사람과의 저녁 모임으로 오랜만에 바쁜 하루를 보냈다.

공로연수 97일 만에 찾은 시청

_ 2021년 10월 5일 (화) / 공로연수 97일째

신규임용예정 공무원과 선배 공직자와의 만남의 시간이 마련되었다. 지난 9월 초 실시했던 과정과 같은 내용으로 강의를 진행하게 되어 PPT 내용 일부를 수정, 준비했다.

오전 공로연수 정책단 월례회를 마무리하고 시청에 근무하는 친구와 점심을 먹고 사무실을 찾아 많은 이야기를 나누었다. 친구 사무실이 시청과는 멀리 떨어져 위치한 탓에 부담은 없었지만, 교육 장소는 시청 내회의실로 긴장된 마음이나. 시청 후문에 도착해 만난 직원들이 공로연수 전 함께 근무한 직원이다. 최근 승진한 일자리경제국장과 지역경제과장, 사회적 경제팀장과 직원들을 만나게 되어 반가움과 설렘 가득한 인사를 나누며 시청에 들어섰다.

공로연수 97일 만에 찾은 시청사. 공직 41년의 마무리를 본청에서 하게 되어 2년 6개월을 드나든 곳이지만 오늘 무척 새롭

다. 사람이 한곳에 머물다 그 자리에서 떠나 다시 돌아오면 모든 것이 달리 보이는 듯하다. 지금 내 기분이 그렇고 퇴직한 선배들의 표현이 그런데 그 말을 실감하는 순간이다. 그래도 2년의 마무리를 함께한 투자일자리과와 지역경제과를 찾아 직원들과 인사를 나누는데 벌써 많은 직원이 바뀌어 반가움과 어색함이 공존한다.

함께했던 직원들의 반가운 표정을 살피는데 다들 "너무 젊고 얼굴이 좋아 보인다."라며 근황이 궁금하다는 반응에 "하루 쉬고 하루 노는 덕분에 모든 것이 참 좋다."는 답으로 마무리했다.

일자리경제국장실에 들러 차를 마시며 "하반기 많은 일을 남기고 자리를 떠나 고생이 많다."라는 미안함에 "일을 다 해놓아 열매만 따고 있다."라는 덕담이 돌아와 마음이 가벼웠다.

강의 시작까지 여유가 있어 동창인 임채영 부시장을 찾아 "공직 마무리가 100일도 남지 않았는데 일하는 만큼 건강도 챙기라."라는 인사를 나누었다. 비슷한 상황이기에 더욱 공감되는 퇴직 후 삶에 대해 생각과 내가 준비하고 있는 것에 관한 이야기를 듣고, 많은 조언과 격려를 하며 부시장실을 나섰다.

교육을 주관하는 총무과를 찾아 직원들과 반가운 인사를 나누고 교육 장소로 이동했다. 잔뜩 긴장된 모습과 표정의 신규임용예정 공무원을 보며, 시작점과 끝점에 선 두 사람에 대한 분위기를 전하며 마음 열기를 시작으로, 소통의 중요성과 행복한 삶에 대한 긍정과 감사, 사랑에 대한 내 생각을 전하며 강의를 마쳤다.

시청사를 나오면서 함께 근무했던 미래산업과와 도시재생과를 방문해 직원들과 인사를 나누며 97일 만에 찾은 소감과 감사한 마음을 전했다. 공로연수 97일 만에 찾은 시청에서 많은 것을 생각하게 하는 시간, 잊지 못할 것 같다.

전화와 문자, 카톡으로 보낸 반나절

_ 2021년 10월 6일 (수) / 공로연수 98일째

친구와 점심을 위해 약속 장소로 가는 길, 가을답지 않게 날씨가 무척 덥다는 생각을 하며 걸었다. 내 마음이 여유로운 탓인지 가벼운 발걸음이지만 길에서 만난 사람들의 발걸음이 바쁘다. 과일과 채소 등을 파는 노점상 어르신들과 가게 문은 열었지만, 아직 이른 시간 탓인지 손님보다는 가게를 지키는 사람의 모습이 대부분이다. 점심을 함께한 친구와 요즘 힘들어하는 주변의 모습이 안쓰럽다며 이러한 상황이 빠르게 회복되었으면 하는 바람을 공감했다.

집으로 돌아와 책상에 앉아 하늘을 바라보니 구름 한 점 없는 맑은 가을 하늘이다. 지나온 세월 속에 이런 가을날 오후가 되면 '이렇게 좋은 날! 가을 소풍 가고 싶다.'라는 말을 자주 했는데 지금은 소풍 대신 하늘 감상 중이다. 이러한 소식을 전하고 싶은 사람들이 있어 대한민국 생태수도 순천의 가을 하늘을 담은 사진을 찍어 모임 단톡방에 올리며 근황을 전했다.

이렇게 시작된 모임 단톡방에 오랜만에 소식을 전하자 얼굴 한 번 보았으면 좋겠다는 댓글이 달리기 시작하면서 총무를 맡은 모임들에서 함께 즐기자는 반응이다. 관심 있는 회원들과 연락을 주고받으며 모임회비 통장을 살펴보니 자동이체를 설정한 모임에는 상당히 많은 회비가 예치되어 있었다. 현 코로나 상황을 감안하여 일정 금액 이상 회비가 예치된 모임에서는 회원들의 의견을 수렴해 개인별 가을 나들이 비용을 현금으로 지원하고 8인 이내 모임이 가능한 모임에서는 10월 중에 만나기로 했다. 문중 시제, 사무관 교육 동기 모임, 이종 간 모임, 최근 교육을 받으며 만든 갑장 동기 모임 등을 두루 살피며 이견을 조율하다 보니 꽤 많은 시간이 흘렀다. 단톡방에 문자와 카톡을 보내 만남 일정을 잡고, 전화통화를 통해 이견을 조율하는 등 개인적인 일을 처리하기 위해, 오늘은 가장 많은 시간과 통화, 문자와 카톡을 한 날로 기억될 듯하다. 이러한 소통을 통해 빠르게 변화하는 시대의 흐름과 지금까지 경험하지 못한 새로운 경험이 주는 신선한 충격에 묘한 성취감을 느꼈다.

오늘은 오랜만에 가정공헌형 일거리를 수행하는 날이라 기쁜 마음으로 차를 몰았다. 아내의 퇴근길을 동행하면서 오후에 있었던 일을 이야기하며 집으로 돌아오는 길. 그 길목에 마주한 가을 들녘에는 벼가 고개를 숙이고 익어가면서 누런 황금물결 일렁이는 풍경이 참 곱다. 계절은 가을인데 한낮에 느끼는 체감

온도는 한여름인 듯 무덥고 습하다. 조금은 짜증스러운 날씨에 땀 흘리며 일하는 들판 농부의 모습을 보며 먹거리의 수고로움을 생각해 본다.

스마트폰과 보낸 반나절! 이렇게도 바쁘게 시간을 보낼 수 있다는 것을 알게 된 하루다.

공로연수 일기를 책으로

_ 2021년 10월 7일 (목) / 공로연수 99일째

41년의 공직생활을 마무리하는 공로연수를 기록한 일기를 책으로 만드는 것!

인생 60년 만에 처음 도전하는 책 만드는 일에 '과연 할 수 있을까'를 '할 수 있다.'라는 도전 가능성을 만드는 날이다.

그동안 업무추진 과정이나 교육을 수료할 때 제출했던 글이 책자에 실린 적은 있었으나, 나의 아주 개인적인 글을 모아 책으로 펴내는 것은 상상조차 해본 적이 없다. 책을 펴낸다는 것은 글을 잘 쓰는 작가나 유명 인사들이 하는 것으로 생각했다. 하지만 공로연수를 시작하면서 맺은 멘토와의 도전과제로 '공로연수 일기'를 책으로 펴내자는 약속을 지키기 위해 하루하루 기록했던 성과물을 만드는 일이다.

지금까지 써온 일기를 USB에 담아 이 일을 함께할 직원에게 넘기는 순간까지 마음 한구석에는 이래도 될까 하는 걱정과 부족함이 너무 많다는 생각이 떠나질 않았다. 여기까지 왔으니 일단 부딪쳐보고, 부족한 부분은 함께 채워나가자는 말에 용기를 얻어

자료를 넘기는 순간, '내가 쓴 책 한 권을 갖게 되었다'라는 설렘을 느꼈다. 이제 여러 과정을 거쳐 한 권의 책으로 만들어지겠지만, 지나온 시간보다 더 즐거운 기다림을 경험하게 될 듯하다.

친구와 점심을 먹고 차를 마시며 이야기를 나누다 우연히 알게 된 직원들의 평가…… "이재근 국장, 잔소리가 너무 많아.", "함께 일하기 참 힘든 사람이다."라는 것이다. 긍정으로 바라보면 '일 욕심이 많다.'라는 것이고, 부정의 시각으로 보면 '일을 참 힘들게 한다.'라는 뜻이겠지만, 막상 그 말을 들으니 무척 당황스러웠다. 이미 엎질러진 물이니 '지나간 일로 흘려보내자.'라는 마음보다, '내가 어떻게 고쳐 나갈까'라는 반성을 통해 발전의 계기로 만들어나가기로 마음먹었다.

최근 10년을 관리자의 위치에서, 역할을 맡아 일하면서, 나만의 원칙으로 일해 왔다. 그 첫 번째는 사람에 대한 편견보다는 각자의 장점을 찾아 함께 일한 보람을 나누자는 것이며, 두 번째는 일의 본질을 찾는 데 집중하고 어려운 일은 내가 앞장서 차근차근 풀어나가자는 것이었다. 이렇게 일하다가 풀리지 않는 부분이 있으면, 어디가 문제인지 무엇을 해결해야 하는지를 파악해, 그것은 나의 몫이라 판단했던 일하는 방식이 때로는 간섭으로 힘들게 하는 것이라고 비친 것은 아닐까 애써 위로해본다.

모든 것이 옳고 그름의 문제가 아닌 소통의 부족이다. 최근 신규임용예정 공무원과 만남에서 첫 번째로 강조한 것이 '소통'이었다. 앞으로 직장생활하면서 상사와 동료, 후배와 일하면서 소통을 잘하는 공무원이 조직에서 인정받을 수 있는 가장 중요한 요소라고 했는데 나부터 다시 돌아보며 배워야겠다.

설렘과 부끄러움이 함께한 하루다. 이 모든 것이 욕심일 수 있지만, 나의 부족함이 만들어낸 삶의 흔적이라 생각하며, 앞으로 내딛는 발걸음에는 겸손과 배려의 미덕을 베풀고 더해야겠다.

공로연수 100일

_ 2021년 10월 8일 (금) / 공로연수 100일째

꽤 이른 새벽 시간. 잠에서 깨어나 책상에 앉았다. 이 시간에 일어난 사람만이 지금 내리는 빗소리를 들을 수 있다. 새벽에 내리는 조용한 가을비 소리에 노트북 자판을 누르며 내리는 빗소리를 담아본다.

온 사방이 고요한 저전동 주택가의 새벽 아침이다. 오늘로 공로연수를 시작하며 일기를 쓰기 시작한 지, 은퇴 후 무엇을 할 것인지, 새로운 일에 대한 준비와 함께 도전을 시작한 지 등 여러 의미를 지닌 100일째 되는 날이다. 어둠을 밀치며 서서히 밝아오는 동녘 하늘 창밖을 보며 아침 글을 써 내려가는 이 시간, 오랜 기억으로 남을 것 같다.

오늘 하루는 감사하는 마음으로 글을 남겨본다. 공로연수 첫날 눈을 떠 맞이한 아침은 어제와 다를 바 없는데 "오늘 기분 어때요?"라고 묻는 아내의 목소리에 '아! 오늘 시작된 세 번째 생

애 시계'의 움직임을 느낄 수 있었다. 큰아들과 며느리 그리고 작은아들의 격려 메시지를 보며 '울 가족 사랑해'를 전했다.

41년간 몸담았던 조직을 떠나는 날, 따뜻한 응원을 보내주신 허석 시장님, 임채영 부시장님을 비롯한 내 기억의 한 언저리를 차지한 직원 여러분께 '덕분에 행복했습니다. 꿈! 이루시길'이라는 부족한 작별인사에 머리 숙여 고마움을 전합니다.

세 번째 생애 시계가 100일을 맞으면서 그동안 만났던 새로운 사람들과의 인연을 떠올려본다. 공로연수 시작과 은퇴 후 생애 설계 길을 열어준 임영미 멘토님, 전직 지원 컨설턴트 과정을 이끌어주신 표성일 경력선장님, 이현석 강사님, 손지성 강사님의 지혜 나눔을 기억합니다. 더운 여름날 36회, 180시간을 함께하며 길을 만든 전직 지원 5기 동기들께도 격려와 응원을 전합니다.

공로연수 100일간의 여정에서 만났던 사람 모두를 기록하지는 못했지만, 도전과 실패를 경험하며 이 모든 것을 딛고 일어설 수 있도록 많은 가르침으로 길을 만들어 주시고 용기를 주신 분들에게 감사의 마음을 전합니다.

은퇴를 생각하며 책에서 읽었던 마음 글귀입니다. '은퇴는 직업도 없고 스트레스도 없고 수당도 없다.'라는 무명 현자의 글. '인생에서 힘든 시기는 나쁜 날씨가 지속할 때가 아니라 구름 한 점 없는 날들만 계속될 때이다'라는 카를 힐티(Carl Hilty)의 명언. 공로연수 100일 차, 글이 마음에 와닿습니다. '행복이란 긍정으로 태어나 감사를 먹고 자라며 사랑으로 완성된다'는 마음을 이 책에 새겨봅니다.

Photo

SD
card

후배 공무원과 소통

2021년 신규 임용예정 공무원 교육
2021. 10. 5. [화] 09:00 /대회의실
2021.10.5.
시청 대회의실
선배 공직자와의
만남

30만
정원
도시
순천

『100세 인생, 공무원 생애경력설계』

부모님은
우리의 영원한
히어로
"이재근님의 환갑을 축하드립니다."
앞으로 펼쳐질 황금빛 봄날을 응원합니다.
사랑하는 아들, 딸 올림

부모님은
우리의 영원한
히어로
"이재근님의 환갑을 축하드립니다."

60
부모님은
우리의 영원
"이재근님의 환갑을

Dickies
SINCE 1922

L
O
V
E